T&P BOOKS

ARABE

VOCABULAIRE

FRANÇAIS
ARABE

Les mots les plus utiles
Pour enrichir votre vocabulaire et aiguiser
vos compétences linguistiques

7000 mots

Vocabulaire Français-Arabe pour l'autoformation - 7000 mots
Dictionnaire thématique

Par Andrey Taranov

Les dictionnaires T&P Books ont pour but de vous aider à apprendre, à mémoriser et à réviser votre vocabulaire en langue étrangère. Ce dictionnaire thématique couvre tous les grands domaines du quotidien: l'économie, les sciences, la culture, etc ...

Acquérir du vocabulaire avec les dictionnaires thématiques T&P Books vous offre les avantages suivants:

- Les données d'origine sont regroupées de manière cohérente, ce qui vous permet une mémorisation lexicale optimale
- La présentation conjointe de mots ayant la même racine vous permet de mémoriser des groupes sémantiques entiers (plutôt que des mots isolés)
- Les sous-groupes sémantiques vous permettent d'associer les mots entre eux de manière logique, ce qui facilite votre consolidation du vocabulaire
- Votre maîtrise de la langue peut être évaluée en fonction du nombre de mots acquis

T&P Books Publishing
www.tpbooks.com

ISBN: 978-1-78716-793-3

Ce livre existe également en format électronique.
Pour plus d'informations, veuillez consulter notre site: www.tpbooks.com ou rendez-vous sur ceux des grandes librairies en ligne.

VOCABULAIRE ARABE POUR L'AUTOFORMATION
Dictionnaire thématique

Les dictionnaires T&P Books ont pour but de vous aider à apprendre, à mémoriser et à réviser votre vocabulaire en langue étrangère. Ce lexique présente, de façon thématique, plus de 7000 mots les plus fréquents de la langue.

- Ce livre comporte les mots les plus couramment utilisés
- Son usage est recommandé en complément de l'étude de toute autre méthode de langue
- Il répond à la fois aux besoins des débutants et à ceux des étudiants en langues étrangères de niveau avancé
- Il est idéal pour un usage quotidien, des séances de révision ponctuelles et des tests d'auto-évaluation
- Il vous permet de tester votre niveau de vocabulaire

Spécificités de ce dictionnaire thématique:

- Les mots sont présentés de manière sémantique, et non alphabétique
- Ils sont répartis en trois colonnes pour faciliter la révision et l'auto-évaluation
- Les groupes sémantiques sont divisés en sous-groupes pour favoriser l'apprentissage
- Ce lexique donne une transcription simple et pratique de chaque mot en langue étrangère

Ce dictionnaire comporte 198 thèmes, dont:

les notions fondamentales, les nombres, les couleurs, les mois et les saisons, les unités de mesure, les vêtements et les accessoires, les aliments et la nutrition, le restaurant, la famille et les liens de parenté, le caractère et la personnalité, les sentiments et les émotions, les maladies, la ville et la cité, le tourisme, le shopping, l'argent, la maison, le foyer, le bureau, la vie de bureau, l'import-export, le marketing, la recherche d'emploi, les sports, l'éducation, l'informatique, l'Internet, les outils, la nature, les différents pays du monde, les nationalités, et bien d'autres encore ...

TABLE DES MATIÈRES

GUIDE DE PRONONCIATION

Alphabet phonétique T&P	Exemple en arabe	Exemple en français
[a]	طَفَّى [ṭaffa]	classe
[ã]	إختار [iχtār]	camarade
[e]	هامبورجر [hamburger]	équipe
[i]	زفاف [zifāf]	stylo
[ī]	أبريل [abrīl]	industrie
[u]	كلكتا [kalkutta]	boulevard
[ū]	جاموس [ʒāmūs]	sucre
[b]	بداية [bidāya]	bureau
[d]	سعادة [sa'āda]	document
[ḍ]	وضع' [waḍ']	[d] pharyngale
[ʒ]	الأرجنتين [arʒantīn]	jeunesse
[ð]	تذكار [tiðkār]	[th] pharyngalisé
[ẓ]	ظهر [ẓahar]	[z] pharyngale
[f]	خفيف [χafīf]	formule
[g]	جولف [gūlf]	gris
[h]	إتّجاه [ittiʒāh]	[h] aspiré
[ḥ]	أحبّ [aḥabb]	[h] pharyngale
[y]	ذهبيّ [ðahabiy]	maillot
[k]	كرسيّ [kursiy]	bocal
[l]	لمح [lamaḥ]	vélo
[m]	مرصد [marṣad]	minéral
[n]	جنوب [ʒanūb]	ananas
[p]	كابتشينو [kaputʃīnu]	panama
[q]	وثق [waθiq]	cadeau
[r]	روح [rūḥ]	racine, rouge
[s]	سخريّة [suχriyya]	syndicat
[ṣ]	معصم [mi'ṣam]	[s] pharyngale
[ʃ]	عشاء' [ʾaʃā']	chariot
[t]	تنّوب [tannūb]	tennis
[ṭ]	خريطة [χarīṭa]	[t] pharyngale
[θ]	ماموث [mamūθ]	consonne fricative dentale sourde
[v]	فيتنام [vitnām]	rivière
[w]	ودّع' [wadda']	iguane
[χ]	بخيل [baχīl]	scots - nicht, allemand - Dach
[ɣ]	تغدّى [taɣadda]	g espagnol - amigo, magnífico
[z]	ماعز [mā'iz]	gazeuse
['] (ayn)	سبعة [sab'a]	consonne fricative pharyngale voisée
['] (hamza)	سأل [sa'al]	coup de glotte

ABRÉVIATIONS
employées dans ce livre

Abréviations en arabe

du	-	nom (à double) pluriel
f	-	nom féminin
m	-	nom masculin
pl	-	pluriel

Abréviations en français

adj	-	adjective
adv	-	adverbe
anim.	-	animé
conj	-	conjonction
dénombr.	-	dénombrable
etc.	-	et cetera
f	-	nom féminin
f pl	-	féminin pluriel
fam.	-	familiar
fem.	-	féminin
form.	-	formal
inanim.	-	inanimé
indénombr.	-	indénombrable
m	-	nom masculin
m pl	-	masculin pluriel
m, f	-	masculin, féminin
masc.	-	masculin
math	-	mathematics
mil.	-	militaire
pl	-	pluriel
prep	-	préposition
pron	-	pronom
qch	-	quelque chose
qn	-	quelqu'un
sing.	-	singulier
v aux	-	verbe auxiliaire
v imp	-	verbe impersonnel
vi	-	verbe intransitif
vi, vt	-	verbe intransitif, transitif
vp	-	verbe pronominal
vt	-	verbe transitif

CONCEPTS DE BASE

Concepts de base. Partie 1

1. Les pronoms

je	ana	أنا
tu (masc.)	anta	أنت
tu (fem.)	anti	أنت
il	huwa	هو
elle	hiya	هي
nous	naḥnu	نحن
vous	antum	أنتم
ils, elles	hum	هم

2. Adresser des vœux. Se dire bonjour. Se dire au revoir

Bonjour! (form.)	as salāmu 'alaykum!	السلام عليكم!
Bonjour! (le matin)	ṣabāḥ al χayr!	صباح الخير!
Bonjour! (après-midi)	nahārak sa'īd!	نهارك سعيد!
Bonsoir!	masā' al χayr!	مساء الخير!
dire bonjour	sallam	سلّم
Salut!	salām!	سلام!
salut (m)	salām (m)	سلام
saluer (vt)	sallam 'ala	سلّم على
Comment ça va?	kayfa ḥāluka?	كيف حالك؟
Quoi de neuf?	ma aχbārak?	ما أخبارك؟
Au revoir!	ma' as salāma!	مع السلامة!
À bientôt!	ilal liqā'!	إلى اللقاء!
Adieu!	ma' as salāma!	مع السلامة!
dire au revoir	wadda'	ودّع
Salut! (À bientôt!)	bay bay!	باي باي!
Merci!	ʃukran!	شكرًا!
Merci beaucoup!	ʃukran ʒazīlan!	شكرًا جزيلًا!
Je vous en prie	'afwan	عفوا
Il n'y a pas de quoi	la ʃukr 'ala wāʒib	لا شكر على واجب
Pas de quoi	al 'afw	العفو
Excuse-moi!	'an iðnak!	عن أذنك!
Excusez-moi!	'afwan!	عفوًا!
excuser (vt)	'aðar	عذر
s'excuser (vp)	i'taðar	إعتذر
Mes excuses	ana 'āsif	أنا آسف

Pardonnez-moi!	la tu'āχiðni!	لا تؤاخذني!
pardonner (vt)	'afa	عفا
s'il vous plaît	min faḍlak	من فضلك

N'oubliez pas!	la tansa!	لا تنس!
Bien sûr!	ṭab'an!	طبعًا!
Bien sûr que non!	abadan!	أبدًا!!
D'accord!	ittafaqna!	إتّفقنا!
Ça suffit!	kifāya!	كفاية!

3. Les nombres cardinaux. Partie 1

zéro	ṣifr	صفر
un	wāḥid	واحد
une	wāḥida	واحدة
deux	iθnān	إثنان
trois	θalāθa	ثلاثة
quatre	arba'a	أربعة

cinq	χamsa	خمسة
six	sitta	ستّة
sept	sab'a	سبعة
huit	θamāniya	ثمانية
neuf	tis'a	تسعة

dix	'aʃara	عشرة
onze	aḥad 'aʃar	أحد عشر
douze	iθnā 'aʃar	إثنا عشر
treize	θalāθat 'aʃar	ثلاثة عشر
quatorze	arba'at 'aʃar	أربعة عشر

quinze	χamsat 'aʃar	خمسة عشر
seize	sittat 'aʃar	ستّة عشر
dix-sept	sab'at 'aʃar	سبعة عشر
dix-huit	θamāniyat 'aʃar	ثمانية عشر
dix-neuf	tis'at 'aʃar	تسعة عشر

vingt	'iʃrūn	عشرون
vingt et un	wāḥid wa 'iʃrūn	واحد وعشرون
vingt-deux	iθnān wa 'iʃrūn	إثنان وعشرون
vingt-trois	θalāθa wa 'iʃrūn	ثلاثة وعشرون

trente	θalāθīn	ثلاثون
trente et un	wāḥid wa θalāθūn	واحد وثلاثون
trente-deux	iθnān wa θalāθūn	إثنان وثلاثون
trente-trois	θalāθa wa θalāθūn	ثلاثة وثلاثون

quarante	arba'ūn	أربعون
quarante et un	wāḥid wa arba'ūn	واحد وأربعون
quarante-deux	iθnān wa arba'ūn	إثنان وأربعون
quarante-trois	θalāθa wa arba'ūn	ثلاثة وأربعون

| cinquante | χamsūn | خمسون |
| cinquante et un | wāḥid wa χamsūn | واحد وخمسون |

cinquante-deux	iθnān wa χamsūn	إثنان وخمسون
cinquante-trois	θalāθa wa χamsūn	ثلاثة وخمسون
soixante	sittūn	ستّون
soixante et un	wāḥid wa sittūn	واحد وستّون
soixante-deux	iθnān wa sittūn	إثنان وستّون
soixante-trois	θalāθa wa sittūn	ثلاثة وستّون
soixante-dix	sab'ūn	سبعون
soixante et onze	wāḥid wa sab'ūn	واحد وسبعون
soixante-douze	iθnān wa sab'ūn	إثنان وسبعون
soixante-treize	θalāθa wa sab'ūn	ثلاثة وسبعون
quatre-vingts	θamānūn	ثمانون
quatre-vingt et un	wāḥid wa θamānūn	واحد وثمانون
quatre-vingt deux	iθnān wa θamānūn	إثنان وثمانون
quatre-vingt trois	θalāθa wa θamānūn	ثلاثة وثمانون
quatre-vingt-dix	tis'ūn	تسعون
quatre-vingt et onze	wāḥid wa tis'ūn	واحد وتسعون
quatre-vingt-douze	iθnān wa tis'ūn	إثنان وتسعون
quatre-vingt-treize	θalāθa wa tis'ūn	ثلاثة وتسعون

4. Les nombres cardinaux. Partie 2

cent	mi'a	مائة
deux cents	mi'atān	مائتان
trois cents	θalāθumi'a	ثلاثمائة
quatre cents	rub'umi'a	أربعمائة
cinq cents	χamsumi'a	خمسمائة
six cents	sittumi'a	ستّمائة
sept cents	sab'umi'a	سبعمائة
huit cents	θamānimi'a	ثمانمائة
neuf cents	tis'umi'a	تسعمائة
mille	alf	ألف
deux mille	alfān	ألفان
trois mille	θalāθat 'ālāf	ثلاثة آلاف
dix mille	'aʃarat 'ālāf	عشرة آلاف
cent mille	mi'at alf	مائة ألف
million (m)	milyūn (m)	مليون
milliard (m)	milyār (m)	مليار

5. Les nombres. Fractions

fraction (f)	kasr (m)	كسر
un demi	niṣf	نصف
un tiers	θulθ	ثلث
un quart	rub'	ربع
un huitième	θumn	ثمن
un dixième	'uʃr	عشر

| deux tiers | θulθān | ثلثان |
| trois quarts | talātit arbā' | ثلاثة أرباع |

6. Les nombres. Opérations mathématiques

soustraction (f)	ṭarḥ (m)	طرح
soustraire (vt)	ṭaraḥ	طرح
division (f)	qisma (f)	قسمة
diviser (vt)	qasam	قسم

addition (f)	ʒam' (m)	جمع
additionner (vt)	ʒama'	جمع
ajouter (vt)	ʒama'	جمع
multiplication (f)	ḍarb (m)	ضرب
multiplier (vt)	ḍarab	ضرب

7. Les nombres. Divers

chiffre (m)	raqm (m)	رقم
nombre (m)	'adad (m)	عدد
adjectif (m) numéral	ism al 'adad (m)	إسم العدد
moins (m)	nāqiṣ (m)	ناقص
plus (m)	zā'id (m)	زائد
formule (f)	ṣīɣa (f)	صيغة

calcul (m)	ḥisāb (m)	حساب
compter (vt)	'add	عدّ
calculer (vt)	ḥasab	حسب
comparer (vt)	qāran	قارن

Combien?	kam?	كم؟
somme (f)	maʒmū' (m)	مجموع
résultat (m)	natīʒa (f)	نتيجة
reste (m)	al bāqi (m)	الباقي

quelques ...	'iddat	عدّة
peu de ...	qalīl	قليل
reste (m)	al bāqi (m)	الباقي
un et demi	wāḥid wa niṣf (m)	واحد ونصف
douzaine (f)	iθnā 'aʃar (f)	إثنا عشر

en deux (adv)	ila ʃaṭrayn	إلى شطرين
en parties égales	bit tasāwi	بالتساوى
moitié (f)	niṣf (m)	نصف
fois (f)	marra (f)	مرّة

8. Les verbes les plus importants. Partie 1

| aider (vt) | sā'ad | ساعد |
| aimer (qn) | aḥabb | أحبّ |

aller (à pied)	maʃa	مشى
apercevoir (vt)	lāḥaẓ	لاحظ
appartenir à ...	xaṣṣ	خصّ
appeler (au secours)	istaɣāθ	إستغاث
attendre (vt)	intazar	إنتظر
attraper (vt)	amsak	أمسك
avertir (vt)	ḥaððar	حذّر
avoir (vt)	malak	ملك
avoir confiance	waθiq	وثق
avoir faim	arād an yaʾkul	أراد أن يأكل
avoir peur	xāf	خاف
avoir soif	arād an yaʃrab	أراد أن يشرب
cacher (vt)	xabaʾ	خبأ
casser (briser)	kasar	كسر
cesser (vt)	tawaqqaf	توقّف
changer (vt)	ɣayyar	غيّر
chasser (animaux)	iṣṭād	إصطاد
chercher (vt)	baḥaθ	بحث
choisir (vt)	ixtār	إختار
commander (~ le menu)	ṭalab	طلب
commencer (vt)	badaʾ	بدأ
comparer (vt)	qāran	قارن
comprendre (vt)	fahim	فهم
compter (dénombrer)	ʿadd	عدّ
compter sur ...	iʿtamad ʿala ...	إعتمد على...
confondre (vt)	ixtalaṭ	إختلط
connaître (qn)	ʿaraf	عرف
conseiller (vt)	naṣaḥ	نصح
continuer (vt)	istamarr	إستمرّ
contrôler (vt)	taḥakkam	تحكّم
courir (vi)	ʒara	جرى
coûter (vt)	kallaf	كلّف
créer (vt)	xalaq	خلق
creuser (vt)	ḥafar	حفر
crier (vi)	ṣarax	صرخ

9. Les verbes les plus importants. Partie 2

décorer (~ la maison)	zayyan	زيّن
défendre (vt)	dāfaʿ	دافع
déjeuner (vi)	taɣadda	تغدّى
demander (~ l'heure)	saʾal	سأل
demander (de faire qch)	ṭalab	طلب
descendre (vi)	nazil	نزل
deviner (vt)	xamman	خمّن
dîner (vi)	taʿaʃʃa	تعشّى

dire (vt)	qāl	قال
diriger (~ une usine)	adār	أدار
discuter (vt)	nāqaʃ	ناقش
donner (vt)	aʿṭa	أعطى
donner un indice	aʿṭa talmīḥ	أعطى تلميحًا
douter (vt)	ʃakk fi	شكَّ في
écrire (vt)	katab	كتب
entendre (bruit, etc.)	samiʿ	سمع
entrer (vi)	daxal	دخل
envoyer (vt)	arsal	أرسل
espérer (vi)	tamanna	تمنى
essayer (vt)	ḥāwal	حاول
être (vi)	kān	كان
être d'accord	ittafaq	إتفق
être nécessaire	kān maṭlūb	كان مطلوبا
être pressé	istaʿʒal	إستعجل
étudier (vt)	daras	درس
exiger (vt)	ṭālib	طالب
exister (vi)	kān mawʒūd	كان موجودًا
expliquer (vt)	ʃaraḥ	شرح
faire (vt)	ʿamal	عمل
faire tomber	awqaʿ	أوقع
finir (vt)	atamm	أتمّ
garder (conserver)	ḥafaẓ	حفظ
gronder, réprimander (vt)	wabbax	وبّخ
informer (vt)	axbar	أخبر
insister (vi)	aṣarr	أصرّ
insulter (vt)	ahān	أهان
inviter (vt)	daʿa	دعا
jouer (s'amuser)	laʿib	لعب

10. Les verbes les plus importants. Partie 3

libérer (ville, etc.)	ḥarrar	حرّر
lire (vi, vt)	qara'	قرأ
louer (prendre en location)	istaʾʒar	إستأجر
manquer (l'école)	ɣāb	غاب
menacer (vt)	haddad	هدّد
mentionner (vt)	ðakar	ذكر
montrer (vt)	ʿaraḍ	عرض
nager (vi)	sabaḥ	سبح
objecter (vt)	iʿtaraḍ	إعترض
observer (vt)	rāqab	راقب
ordonner (mil.)	amar	أمر
oublier (vt)	nasiy	نسي
ouvrir (vt)	fataḥ	فتح

| pardonner (vt) | ʿafa | عفا |
| parler (vi, vt) | takallam | تكلّم |

participer à …	iʃtarak	إشترك
payer (régler)	dafaʿ	دفع
penser (vi, vt)	ẓann	ظنّ
permettre (vt)	raχχaṣ	رخّص
plaire (être apprécié)	aʿʒab	أعجب

plaisanter (vi)	mazaḥ	مزح
planifier (vt)	χaṭṭaṭ	خطّط
pleurer (vi)	baka	بكى
posséder (vt)	malak	ملك
pouvoir (v aux)	istaṭāʿ	إستطاع
préférer (vt)	faḍḍal	فضّل

prendre (vt)	aχa ð	أخذ
prendre en note	katab	كتب
prendre le petit déjeuner	afṭar	أفطر
préparer (le dîner)	ḥaḍḍar	حضّر
prévoir (vt)	tanabba'	تنبّأ

prier (~ Dieu)	ṣalla	صلّى
promettre (vt)	waʿad	وعد
prononcer (vt)	naṭaq	نطق
proposer (vt)	iqtaraḥ	إقترح
punir (vt)	ʿāqab	عاقب

11. Les verbes les plus importants. Partie 4

recommander (vt)	naṣaḥ	نصح
regretter (vt)	nadim	ندم
répéter (dire encore)	karrar	كرّر
répondre (vi, vt)	aʒāb	أجاب
réserver (une chambre)	ḥaʒaz	حجز

rester silencieux	sakat	سكت
réunir (regrouper)	waḥḥad	وحّد
rire (vi)	ḍaḥik	ضحك
s'arrêter (vp)	waqaf	وقف
s'asseoir (vp)	ʒalas	جلس

sauver (la vie à qn)	anqa ð	أنقذ
savoir (qch)	ʿaraf	عرف
se baigner (vp)	sabaḥ	سبح
se plaindre (vp)	ʃaka	شكا
se refuser (vp)	rafaḍ	رفض

se tromper (vp)	aχṭa'	أخطأ
se vanter (vp)	tabāha	تباهى
s'étonner (vp)	indahaʃ	إندهش
s'excuser (vp)	iʿtaðar	إعتذر
signer (vt)	waqqaʿ	وقّع
signifier (vt)	ʿana	عنى

s'intéresser (vp)	ihtamm	إهتمّ
sortir (aller dehors)	χaraʒ	خرج
sourire (vi)	ibtasam	إبتسم
sous-estimer (vt)	istaχaff	إستخفّ
suivre ... (suivez-moi)	tabaʿ	تبع
tirer (vi)	aṭlaq an nār	أطلق النار
tomber (vi)	saqaṭ	سقط
toucher (avec les mains)	lamas	لمس
tourner (~ à gauche)	inʿaṭaf	إنعطف
traduire (vt)	tarʒam	ترجم
travailler (vi)	ʿamal	عمل
tromper (vt)	χadaʿ	خدع
trouver (vt)	waʒad	وجد
tuer (vt)	qatal	قتل
vendre (vt)	bāʿ	باع
venir (vi)	waṣal	وصل
voir (vt)	ra'a	رأى
voler (avion, oiseau)	ṭār	طار
voler (qch à qn)	saraq	سرق
vouloir (vt)	arād	أراد

12. Les couleurs

couleur (f)	lawn (m)	لون
teinte (f)	daraʒat al lawn (m)	درجة اللون
ton (m)	ṣabγit lūn (f)	لون
arc-en-ciel (m)	qaws quzaḥ (m)	قوس قزح
blanc (adj)	abyaḍ	أبيض
noir (adj)	aswad	أسود
gris (adj)	ramādiy	رماديّ
vert (adj)	aχḍar	أخضر
jaune (adj)	aṣfar	أصفر
rouge (adj)	aḥmar	أحمر
bleu (adj)	azraq	أزرق
bleu clair (adj)	azraq fātiḥ	أزرق فاتح
rose (adj)	wardiy	ورديّ
orange (adj)	burtuqāliy	برتقاليّ
violet (adj)	banafsaʒiy	بنفسجيّ
brun (adj)	bunniy	بنّيّ
d'or (adj)	ðahabiy	ذهبيّ
argenté (adj)	fiḍḍiy	فضّيّ
beige (adj)	bɛːʒ	بيج
crème (adj)	ʿāʒiy	عاجيّ
turquoise (adj)	fayrūziy	فيروزيّ
rouge cerise (adj)	karaziy	كرزيّ
lilas (adj)	laylakiy	ليلكيّ

framboise (adj)	qirmiziy	قِرمِزيّ
clair (adj)	fātiḥ	فاتِح
foncé (adj)	ɣāmiq	غامِق
vif (adj)	zāhi	زاه
de couleur (adj)	mulawwan	مُلوّن
en couleurs (adj)	mulawwan	مُلوّن
noir et blanc (adj)	abyaḍ wa aswad	أبيض وأسود
unicolore (adj)	waḥīd al lawn, sāda	وحيد اللون، سادة
multicolore (adj)	muta'addid al alwān	مُتعدِّد الألوان

13. Les questions

Qui?	man?	مَن؟
Quoi?	māða?	ماذا؟
Où? (~ es-tu?)	ayna?	أين؟
Où? (~ vas-tu?)	ila ayna?	إلى أين؟
D'où?	min ayna?	من أين؟
Quand?	mata?	متى؟
Pourquoi? (~ es-tu venu?)	li māða?	لماذا؟
Pourquoi? (~ t'es pâle?)	li māða?	لماذا؟
À quoi bon?	li māða?	لماذا؟
Comment?	kayfa?	كيف؟
Quel? (à ~ prix?)	ay?	أيّ؟
Lequel?	ay?	أيّ؟
À qui? (pour qui?)	li man?	لِمَن؟
De qui?	'amman?	عمّن؟
De quoi?	'amma?	عمّا؟
Avec qui?	ma' man?	مع من؟
Combien?	kam?	كم؟
À qui? (~ est ce livre?)	li man?	لِمَن؟

14. Les mots-outils. Les adverbes. Partie 1

Où? (~ es-tu?)	ayna?	أين؟
ici (c'est ~)	huna	هنا
là-bas (c'est ~)	hunāk	هناك
quelque part (être)	fi makānin ma	في مكان ما
nulle part (adv)	la fi ay makān	لا في أي مكان
près de ...	bi ʒānib	بجانب
près de la fenêtre	bi ʒānib aʃ ʃubbāk	بجانب الشبّاك
Où? (~ vas-tu?)	ila ayna?	إلى أين؟
ici (Venez ~)	huna	هنا
là-bas (j'irai ~)	hunāk	هناك
d'ici (adv)	min huna	من هنا
de là-bas (adv)	min hunāk	من هناك

près (pas loin)	qarīban	قريبًا
loin (adv)	ba'īdan	بعيدًا
près de (~ Paris)	'ind	عند
tout près (adv)	qarīban	قريبًا
pas loin (adv)	ɣayr ba'īd	غير بعيد
gauche (adj)	al yasār	اليسار
à gauche (être ~)	'alaʃ ʃimāl	على الشمال
à gauche (tournez ~)	ilaʃ ʃimāl	إلى الشمال
droit (adj)	al yamīn	اليمين
à droite (être ~)	'alal yamīn	على اليمين
à droite (tournez ~)	llal yamīn	إلى اليمين
devant (adv)	min al amām	من الأمام
de devant (adj)	amāmiy	أمامي
en avant (adv)	ilal amām	إلى الأمام
derrière (adv)	warā'	وراء
par derrière (adv)	min al warā'	من الوراء
en arrière (regarder ~)	ilal warā'	إلى الوراء
milieu (m)	wasaṭ (m)	وسط
au milieu (adv)	fil wasat	في الوسط
de côté (vue ~)	bi ʒānib	بجانب
partout (adv)	fi kull makān	في كل مكان
autour (adv)	ḥawl	حول
de l'intérieur	min ad dāχil	من الداخل
quelque part (aller)	ila ayy makān	إلى أيّ مكان
tout droit (adv)	bi aqsar ṭarīq	بأقصر طريق
en arrière (revenir ~)	'īyāban	إيابًا
de quelque part (n'import d'où)	min ayy makān	من أي مكان
de quelque part (on ne sait pas d'où)	min makānin ma	من مكان ما
premièrement (adv)	awwalan	أوّلًا
deuxièmement (adv)	θāniyan	ثانيًا
troisièmement (adv)	θāliθan	ثالثًا
soudain (adv)	faʒ'a	فجأة
au début (adv)	fil bidāya	في البداية
pour la première fois	li 'awwal marra	لأوّل مرّة
bien avant ...	qabl ... bi mudda ṭawīla	قبل...بمدّة طويلة
de nouveau (adv)	min ʒadīd	من جديد
pour toujours (adv)	ilal abad	إلى الأبد
jamais (adv)	abadan	أبدًا
de nouveau, encore (adv)	min ʒadīd	من جديد
maintenant (adv)	al 'ān	الآن
souvent (adv)	kaθīran	كثيرًا
alors (adv)	fi ðalika al waqt	في ذلك الوقت

d'urgence (adv)	ʻāʒilan	عاجِلًا
d'habitude (adv)	kal ʻāda	كالعادة
à propos, ...	ʼala fikra ...	على فكرة...
c'est possible	min al mumkin	من الممكن
probablement (adv)	laʻalla	لعلّ
peut-être (adv)	min al mumkin	من الممكن
en plus, ...	bil iḍāfa ila ðalik ...	بالإضافة إلى...
c'est pourquoi ...	li ðalik	لذلك
malgré ...	bir raɣm min ...	بالرغم من...
grâce à ...	bi faḍl ...	بفضل...
quoi (pron)	allaði	الذي
que (conj)	anna	أنَّ
quelque chose	ʃay' (m)	شيء
(Il m'est arrivé ~)		
quelque chose	ʃay' (m)	شيء
(peut-on faire ~)		
rien (m)	la ʃay'	لا شيء
qui (pron)	allaði	الذي
quelqu'un (on ne sait pas qui)	aḥad	أحد
quelqu'un (n'importe qui)	aḥad	أحد
personne (pron)	la aḥad	لا أحد
nulle part (aller ~)	la ila ay makān	لا إلى أي مكان
de personne	la yaxuṣṣ aḥad	لا يخص أحدًا
de n'importe qui	li aḥad	لأحد
comme ça (adv)	hakaða	هكذا
également (adv)	kaðalika	كذلك
aussi (adv)	ayḍan	أيضًا

15. Les mots-outils. Les adverbes. Partie 2

Pourquoi?	li māða?	لماذا؟
pour une certaine raison	li sababin ma	لسبب ما
parce que ...	liʼanna ...	لأنَّ...
pour une raison quelconque	li amr mā	لأمر ما
et (conj)	wa	و
ou (conj)	aw	أو
mais (conj)	lakin	لكن
pour ... (prep)	li	لـ
trop (adv)	kaθīran ʒiddan	كثير جدًّا
seulement (adv)	faqaṭ	فقط
précisément (adv)	biḍ ḍabṭ	بالضبط
près de ... (prep)	naḥw	نحو
approximativement	taqrīban	تقريبًا
approximatif (adj)	taqrībiy	تقريبي
presque (adv)	taqrīban	تقريبًا
reste (m)	al bāqi (m)	الباقي

chaque (adj)	kull	كلّ
n'importe quel (adj)	ayy	أيّ
beaucoup (adv)	kaθīr	كثير
plusieurs (pron)	kaθīr min an nās	كثير من الناس
tous	kull an nās	كل الناس
en échange de ...	muqābil ...	مقابل...
en échange (adv)	muqābil	مقابل
à la main (adv)	bil yad	باليد
peu probable (adj)	hayhāt	هيهات
probablement (adv)	la'alla	لعلّ
exprès (adv)	qaṣdan	قصدا
par accident (adv)	ṣudfa	صدفة
très (adv)	ʒiddan	جدًا
par exemple (adv)	maθalan	مثلًا
entre (prep)	bayn	بين
parmi (prep)	bayn	بين
autant (adv)	haðihi al kammiyya	هذه الكمية
surtout (adv)	χāṣṣa	خاصّة

Concepts de base. Partie 2

16. Les jours de la semaine

lundi (m)	yawm al iθnayn (m)	يوم الإثنين
mardi (m)	yawm aθ θulāθā' (m)	يوم الثلاثاء
mercredi (m)	yawm al arbi'ā' (m)	يوم الأربعاء
jeudi (m)	yawm al χamīs (m)	يوم الخميس
vendredi (m)	yawm al ʒum'a (m)	يوم الجمعة
samedi (m)	yawm as sabt (m)	يوم السبت
dimanche (m)	yawm al aḥad (m)	يوم الأحد
aujourd'hui (adv)	al yawm	اليوم
demain (adv)	ɣadan	غدًا
après-demain (adv)	ba'd ɣad	بعد غد
hier (adv)	ams	أمس
avant-hier (adv)	awwal ams	أوّل أمس
jour (m)	yawm (m)	يوم
jour (m) ouvrable	yawm 'amal (m)	يوم عمل
jour (m) férié	yawm al 'uṭla ar rasmiyya (m)	يوم العطلة الرسمية
jour (m) de repos	yawm 'uṭla (m)	يوم عطلة
week-end (m)	ayyām al 'uṭla (pl)	أيام العطلة
toute la journée	ṭūl al yawm	طول اليوم
le lendemain	fil yawm at tāli	في اليوم التالي
il y a 2 jours	min yawmayn	قبل يومين
la veille	fil yawm as sābiq	في اليوم السابق
quotidien (adj)	yawmiy	يومي
tous les jours	yawmiyyan	يوميًا
semaine (f)	usbū' (m)	أسبوع
la semaine dernière	fil isbū' al māḍi	في الأسبوع الماضي
la semaine prochaine	fil isbū' al qādim	في الأسبوع القادم
hebdomadaire (adj)	usbū'iy	أسبوعي
chaque semaine	usbū'iyyan	أسبوعيًا
2 fois par semaine	marratayn fil usbū'	مرّتين في الأسبوع
tous les mardis	kull yawm aθ θulaθā'	كل يوم الثلاثاء

17. Les heures. Le jour et la nuit

matin (m)	ṣabāḥ (m)	صباح
le matin	fiṣ ṣabāḥ	في الصباح
midi (m)	ẓuhr (m)	ظهر
dans l'après-midi	ba'd aẓ ẓuhr	بعد الظهر
soir (m)	masā' (m)	مساء
le soir	fil masā'	في المساء

nuit (f)	layl (m)	ليل
la nuit	bil layl	بالليل
minuit (f)	muntaṣif al layl (m)	منتصف الليل
seconde (f)	θāniya (f)	ثانية
minute (f)	daqīqa (f)	دقيقة
heure (f)	sāʻa (f)	ساعة
demi-heure (f)	niṣf sāʻa (m)	نصف ساعة
un quart d'heure	rubʻ sāʻa (f)	ربع ساعة
quinze minutes	χamsat ʻaʃar daqīqa	خمس عشرة دقيقة
vingt-quatre heures	yawm kāmil (m)	يوم كامل
lever (m) du soleil	ʃurūq aʃ ʃams (m)	شروق الشمس
aube (f)	faʒr (m)	فجر
point (m) du jour	ṣabāḥ bākir (m)	صباح باكر
coucher (m) du soleil	ɣurūb aʃ ʃams (m)	غروب الشمس
tôt le matin	fis ṣabāḥ al bākir	في الصباح الباكر
ce matin	al yawm fiṣ ṣabāḥ	اليوم في الصباح
demain matin	ɣadan fiṣ ṣabāḥ	غدًا في الصباح
cet après-midi	al yawm baʻd aẓ ẓuhr	اليوم بعد الظهر
dans l'après-midi	baʻd aẓ ẓuhr	بعد الظهر
demain après-midi	ɣadan baʻd aẓ ẓuhr	غدًا بعد الظهر
ce soir	al yawm fil masāʼ	اليوم في المساء
demain soir	ɣadan fil masāʼ	غدًا في المساء
à 3 heures précises	fis sāʻa aθ θāliθa tamāman	في الساعة الثالثة تماما
autour de 4 heures	fis sāʻa ar rābiʻa taqrīban	في الساعة الرابعة تقريبا
vers midi	ḥattas sāʻa aθ θāniya ʻaʃara	حتى الساعة الثانية عشرة
dans 20 minutes	baʻd ʻiʃrīn daqīqa	بعد عشرين دقيقة
dans une heure	baʻd sāʻa	بعد ساعة
à temps	fi mawʻidih	في موعده
... moins le quart	illa rubʻ	إلا ربع
en une heure	ṭiwāl sāʻa	طوال الساعة
tous les quarts d'heure	kull rubʻ sāʻa	كل ربع ساعة
24 heures sur 24	layl nahār	ليل نهار

18. Les mois. Les saisons

janvier (m)	yanāyir (m)	يناير
février (m)	fibrāyir (m)	فبراير
mars (m)	māris (m)	مارس
avril (m)	abrīl (m)	أبريل
mai (m)	māyu (m)	مايو
juin (m)	yūnyu (m)	يونيو
juillet (m)	yūlyu (m)	يوليو
août (m)	aɣusṭus (m)	أغسطس
septembre (m)	sibtambar (m)	سبتمبر
octobre (m)	uktūbir (m)	أكتوبر
novembre (m)	nuvimbar (m)	نوفمبر

décembre (m)	disimbar (m)	ديسمبر
printemps (m)	rabī' (m)	ربيع
au printemps	fir rabī'	في الربيع
de printemps (adj)	rabī'iy	ربيعي
été (m)	ṣayf (m)	صيف
en été	fiṣ ṣayf	في الصيف
d'été (adj)	ṣayfiy	صيفي
automne (m)	χarīf (m)	خريف
en automne	fil χarīf	في الخريف
d'automne (adj)	χarīfiy	خريفي
hiver (m)	ʃitā' (m)	شتاء
en hiver	fiʃ ʃitā'	في الشتاء
d'hiver (adj)	ʃitawiy	شتوي
mois (m)	ʃahr (m)	شهر
ce mois	fi haða aʃ ʃahr	في هذا الشهر
le mois prochain	fiʃ ʃahr al qādim	في الشهر القادم
le mois dernier	fiʃ ʃahr al māḍi	في الشهر الماضي
il y a un mois	qabl ʃahr	قبل شهر
dans un mois	ba'd ʃahr	بعد شهر
dans 2 mois	ba'd ʃahrayn	بعد شهرين
tout le mois	ṭūl aʃ ʃahr	طول الشهر
tout un mois	ʃahr kāmil	شهر كامل
mensuel (adj)	ʃahriy	شهري
mensuellement	kull ʃahr	كل شهر
chaque mois	kull ʃahr	كل شهر
2 fois par mois	marratayn fiʃ ʃahr	مرّتين في الشهر
année (f)	sana (f)	سنة
cette année	fi haðihi as sana	في هذه السنة
l'année prochaine	fis sana al qādima	في السنة القادمة
l'année dernière	fis sana al māḍiya	في السنة الماضية
il y a un an	qabla sana	قبل سنة
dans un an	ba'd sana	بعد سنة
dans 2 ans	ba'd sanatayn	بعد سنتين
toute l'année	ṭūl as sana	طول السنة
toute une année	sana kāmila	سنة كاملة
chaque année	kull sana	كل سنة
annuel (adj)	sanawiy	سنوي
annuellement	kull sana	كل سنة
4 fois par an	arba' marrāt fis sana	أربع مرّات في السنة
date (f) (jour du mois)	tarīχ (m)	تاريخ
date (f) (~ mémorable)	tarīχ (m)	تاريخ
calendrier (m)	taqwīm (m)	تقويم
six mois	niṣf sana (m)	نصف سنة
semestre (m)	niṣf sana (m)	نصف سنة
saison (f)	faṣl (m)	فصل
siècle (m)	qarn (m)	قرن

19. La notion de temps. Divers

temps (m)	waqt (m)	وقت
moment (m)	laḥẓa (f)	لحظة
instant (m)	laḥẓa (f)	لحظة
instantané (adj)	χāṭif	خاطف
laps (m) de temps	fatra (f)	فترة
vie (f)	ḥayāt (f)	حياة
éternité (f)	abadiyya (f)	أبديّة
époque (f)	'ahd (m)	عهد
ère (f)	'aṣr (m)	عصر
cycle (m)	dawra (f)	دورة
période (f)	fatra (f)	فترة
délai (m)	fatra (f)	فترة
avenir (m)	al mustaqbal (m)	المستقبل
prochain (adj)	qādim	قادم
la fois prochaine	fil marra al qādima	في المرّة القادمة
passé (m)	al māḍi (m)	الماضي
passé (adj)	māḍi	ماض
la fois passée	fil marra al māḍiya	في المرّة الماضية
plus tard (adv)	fima ba'd	فيما بعد
après (prep)	ba'd	بعد
à présent (adv)	fi haðihi al ayyām	في هذه الأيام
maintenant (adv)	al 'ān	الآن
immédiatement	ḥālan	حالًا
bientôt (adv)	qarīban	قريبًا
d'avance (adv)	muqaddaman	مقدّمًا
il y a longtemps	min zamān	من زمان
récemment (adv)	min zaman qarīb	من زمان قريب
destin (m)	maṣīr (m)	مصير
souvenirs (m pl)	ðikra (f)	ذكرى
archives (f pl)	arʃīf (m)	أرشيف
pendant ... (prep)	aθnā'...	أثناء...
longtemps (adv)	li mudda ṭawīla	لمدّة طويلة
pas longtemps (adv)	li mudda qaṣīra	لمدّة قصيرة
tôt (adv)	bākiran	باكرًا
tard (adv)	muta'aχχiran	متأخّرًا
pour toujours (adv)	lil abad	للأبد
commencer (vt)	bada'	بدأ
reporter (retarder)	aʒʒal	أجّل
en même temps (adv)	fi nafs al waqt	في نفس الوقت
en permanence (adv)	dā'iman	دائمًا
constant (bruit, etc.)	mustamirr	مستمرّ
temporaire (adj)	mu'aqqat	مؤقّت
parfois (adv)	min ḥīn li 'āχar	من حين لآخر
rarement (adv)	nādiran	نادرًا
souvent (adv)	kaθīran	كثيرًا

20. Les contraires

riche (adj)	ɣaniy	غَنيّ
pauvre (adj)	faqīr	فقير
malade (adj)	marīḍ	مريض
en bonne santé	salīm	سليم
grand (adj)	kabīr	كبير
petit (adj)	ṣaɣīr	صغير
vite (adv)	bi surʿa	بسرعة
lentement (adv)	bi buṭʾ	ببطء
rapide (adj)	sarīʿ	سريع
lent (adj)	baṭīʾ	بطيء
joyeux (adj)	farḥān	فرحان
triste (adj)	ḥazīn	حزين
ensemble (adv)	maʿan	معًا
séparément (adv)	bi mufradih	بمفرده
à haute voix	bi ṣawt ʿāli	بصوت عال
en silence	sirran	سرًّا
haut (adj)	ʿāli	عال
bas (adj)	munχafiḍ	منخفض
profond (adj)	ʿamīq	عميق
peu profond (adj)	ḍaḥl	ضحل
oui (adv)	naʿam	نعم
non (adv)	la	لا
lointain (adj)	baʿīd	بعيد
proche (adj)	qarīb	قريب
loin (adv)	baʿīdan	بعيدًا
près (adv)	qarīban	قريبًا
long (adj)	ṭawīl	طويل
court (adj)	qaṣīr	قصير
bon (au bon cœur)	ṭayyib	طيّب
méchant (adj)	ʃarīr	شرير
marié (adj)	mutazawwiʒ	متزوّج
célibataire (adj)	aʿzab	أعزب
interdire (vt)	manaʿ	منع
permettre (vt)	samaḥ	سمح
fin (f)	nihāya (f)	نهاية
début (m)	bidāya (f)	بداية

gauche (adj)	al yasār	اليسار
droit (adj)	al yamīn	اليمين
premier (adj)	awwal	أوّل
dernier (adj)	'āχir	آخر
crime (m)	ʒarīma (f)	جريمة
punition (f)	'uqūba (f), 'iqāb (m)	عقوبة، عقاب
ordonner (vt)	amar	أمر
obéir (vt)	ṭā'	طاع
droit (adj)	mustaqīm	مستقيم
courbé (adj)	munḥani	منحن
paradis (m)	al ʒanna (f)	الجنّة
enfer (m)	al ʒaḥīm (f)	الجحيم
naître (vi)	wulid	وُلد
mourir (vi)	māt	مات
fort (adj)	qawiy	قويّ
faible (adj)	ḍa'īf	ضعيف
vieux (adj)	'aʒūz	عجوز
jeune (adj)	ʃābb	شابّ
vieux (adj)	qadīm	قديم
neuf (adj)	ʒadīd	جديد
dur (adj)	ṣalb	صلب
mou (adj)	ṭariy	طريّ
chaud (tiède)	dāfi'	دافئ
froid (adj)	bārid	بارد
gros (adj)	θaχīn	ثخين
maigre (adj)	naḥīf	نحيف
étroit (adj)	ḍayyiq	ضيّق
large (adj)	wāsi'	واسع
bon (adj)	ʒayyid	جيّد
mauvais (adj)	sayyi'	سيئ
vaillant (adj)	ʃuʒā'	شجاع
peureux (adj)	ʒabān	جبان

21. Les lignes et les formes

carré (m)	murabba' (m)	مربّع
carré (adj)	murabba'	مربّع
cercle (m)	dā'ira (f)	دائرة
rond (adj)	mudawwar	مدوّر

triangle (m)	muθallaθ (m)	مثلث
triangulaire (adj)	muθallaθ	مثلث
ovale (m)	bayḍawiy (m)	بيضويّ
ovale (adj)	bayḍawiy	بيضويّ
rectangle (m)	mustaṭīl (m)	مستطيل
rectangulaire (adj)	mustaṭīliy	مستطيليّ
pyramide (f)	haram (m)	هرم
losange (m)	muʿayyan (m)	معين
trapèze (m)	murabbaʿ munḥarif (m)	مربع منحرف
cube (m)	mukaʿʿab (m)	مكعب
prisme (m)	manʃūr (m)	منشور
circonférence (f)	muḥīṭ munḥanan muɣlaq (m)	محيط منحنى مغلق
sphère (f)	kura (f)	كرة
globe (m)	kura (f)	كرة
diamètre (m)	quṭr (m)	قطر
rayon (m)	niṣf qaṭr (m)	نصف قطر
périmètre (m)	muḥīṭ (m)	محيط
centre (m)	wasaṭ (m)	وسط
horizontal (adj)	ufuqiy	أفقيّ
vertical (adj)	ʿamūdiy	عموديّ
parallèle (f)	χaṭṭ mutawāzi (m)	خط متواز
parallèle (adj)	mutawāzi	متواز
ligne (f)	χaṭṭ (m)	خط
trait (m)	ḥaraka (m)	حركة
ligne (f) droite	χaṭṭ mustaqīm (m)	خط مستقيم
courbe (f)	χaṭṭ munḥani (m)	خط منحن
fin (une ~ ligne)	rafīʿ	رقيع
contour (m)	kuntūr (m)	كنتور
intersection (f)	taqāṭuʿ (m)	تقاطع
angle (m) droit	zāwya mustaqīma (f)	زاوية مستقيمة
segment (m)	qiṭʿa (f)	قطعة
secteur (m)	qiṭāʿ (m)	قطاع
côté (m)	ḍilʿ (m)	ضلع
angle (m)	zāwiya (f)	زاوية

22. Les unités de mesure

poids (m)	wazn (m)	وزن
longueur (f)	ṭūl (m)	طول
largeur (f)	ʿarḍ (m)	عرض
hauteur (f)	irtifāʿ (m)	إرتفاع
profondeur (f)	ʿumq (m)	عمق
volume (m)	ḥaʒm (m)	حجم
aire (f)	misāḥa (f)	مساحة
gramme (m)	grām (m)	جرام
milligramme (m)	milliɣrām (m)	مليغرام
kilogramme (m)	kiluɣrām (m)	كيلوغرام

tonne (f)	ṭunn (m)	طنّ
livre (f)	raṭl (m)	رطل
once (f)	ūnṣa (f)	أونصة
mètre (m)	mitr (m)	متر
millimètre (m)	millimitr (m)	مليمتر
centimètre (m)	santimitr (m)	سنتيمتر
kilomètre (m)	kilumitr (m)	كيلومتر
mille (m)	mīl (m)	ميل
pouce (m)	būṣa (f)	بوصة
pied (m)	qadam (f)	قدم
yard (m)	yārda (f)	ياردة
mètre (m) carré	mitr murabbaʿ (m)	متر مربّع
hectare (m)	hiktār (m)	هكتار
litre (m)	litr (m)	لتر
degré (m)	daraʒa (f)	درجة
volt (m)	vūlt (m)	فولت
ampère (m)	ambīr (m)	أمبير
cheval-vapeur (m)	ḥiṣān (m)	حصان
quantité (f)	kammiyya (f)	كمّيّة
un peu de ...	qalīl ...	...قليل
moitié (f)	niṣf (m)	نصف
douzaine (f)	iθnā ʿaʃar (f)	إثنا عشر
pièce (f)	waḥda (f)	وحدة
dimension (f)	ḥaʒm (m)	حجم
échelle (f) (de la carte)	miqyās (m)	مقياس
minimal (adj)	al adna	الأدنى
le plus petit (adj)	al aṣɣar	الأصغر
moyen (adj)	mutawassiṭ	متوسّط
maximal (adj)	al aqṣa	الأقصى
le plus grand (adj)	al akbar	الأكبر

23. Les récipients

bocal (m) en verre	barṭamān (m)	برطمان
boîte, canette (f)	tanaka (f)	تنكة
seau (m)	ʒardal (m)	جردل
tonneau (m)	barmīl (m)	برميل
bassine, cuvette (f)	ḥawḍ lil ɣasīl (m)	حوض للغسيل
cuve (f)	xazzān (m)	خزّان
flasque (f)	zamzamiyya (f)	زمزميّة
jerrican (m)	ʒirikan (m)	جركن
citerne (f)	xazzān (m)	خزّان
tasse (f), mug (m)	māgg (m)	ماجّ
tasse (f)	finʒān (m)	فنجان
soucoupe (f)	ṭabaq finʒān (m)	طبق فنجان

verre (m) (~ d'eau)	kubbāya (f)	كُبّاية
verre (m) à vin	ka's (f)	كأس
faitout (m)	kassirūlla (f)	كاسرولة
bouteille (f)	zuʒāʒa (f)	زجاجة
goulot (m)	'unq (m)	عنق
carafe (f)	dawraq zuʒāʒiy (m)	دورق زجاجيّ
pichet (m)	ibrīq (m)	إبريق
récipient (m)	inā' (m)	إناء
pot (m)	aṣīṣ (m)	أصيص
vase (m)	vāza (f)	فازة
flacon (m)	zuʒāʒa (f)	زجاجة
fiole (f)	zuʒāʒa (f)	زجاجة
tube (m)	umbūba (f)	أنبوبة
sac (m) (grand ~)	kīs (m)	كيس
sac (m) (~ en plastique)	kīs (m)	كيس
paquet (m) (~ de cigarettes)	'ulba (f)	علبة
boîte (f)	'ulba (f)	علبة
caisse (f)	ṣundū' (m)	صندوق
panier (m)	salla (f)	سلّة

24. Les matériaux

matériau (m)	mādda (f)	مادّة
bois (m)	χaʃab (m)	خشب
en bois (adj)	χaʃabiy	خشبيّ
verre (m)	zuʒāʒ (m)	زجاج
en verre (adj)	zuʒāʒiy	زجاجيّ
pierre (f)	ḥaʒar (m)	حجر
en pierre (adj)	ḥaʒariy	حجريّ
plastique (m)	blastīk (m)	بلاستيك
en plastique (adj)	min al blastīk	من البلاستيك
caoutchouc (m)	maṭṭāṭ (m)	مطّاط
en caoutchouc (adj)	maṭṭāṭiy	مطّاطيّ
tissu (m)	qumāʃ (m)	قماش
en tissu (adj)	min al qumāʃ	من القماش
papier (m)	waraq (m)	ورق
de papier (adj)	waraqiy	ورقيّ
carton (m)	kartūn (m)	كرتون
en carton (adj)	kartūniy	كرتونيّ
polyéthylène (m)	buli iθilīn (m)	بولي إيثيلين
cellophane (f)	silufān (m)	سيلوفان

contreplaqué (m)	ablakāʃ (m)	أبلكاش
porcelaine (f)	bursilān (m)	بورسلان
de porcelaine (adj)	min il bursilān	من البورسلان
argile (f)	ṭīn (m)	طين
de terre cuite (adj)	faxxāry	فخّاري
céramique (f)	siramīk (m)	سيراميك
en céramique (adj)	siramīkiy	سيراميكيّ

25. Les métaux

métal (m)	ma'dan (m)	معدن
métallique (adj)	ma'daniy	معدنيّ
alliage (m)	sabīka (f)	سبيكة
or (m)	ðahab (m)	ذهب
en or (adj)	ðahabiy	ذهبيّ
argent (m)	fiḍḍa (f)	فضّة
en argent (adj)	fiḍḍiy	فضّيّ
fer (m)	ḥadīd (m)	حديد
en fer (adj)	ḥadīdiy	حديديّ
acier (m)	fūlāð (m)	فولاذ
en acier (adj)	fulāðiy	فولاذيّ
cuivre (m)	nuḥās (m)	نحاس
en cuivre (adj)	nuḥāsiy	نحاسيّ
aluminium (m)	alumīniyum (m)	الومينيوم
en aluminium (adj)	alumīniyum	الومينيوم
bronze (m)	brūnz (m)	برونز
en bronze (adj)	brūnziy	برونزيّ
laiton (m)	nuḥās aṣfar (m)	نحاس أصفر
nickel (m)	nikil (m)	نيكل
platine (f)	blatīn (m)	بلاتين
mercure (m)	zi'baq (m)	زئبق
étain (m)	qaṣdīr (m)	قصدير
plomb (m)	ruṣāṣ (m)	رصاص
zinc (m)	zink (m)	زنك

L'HOMME

L'homme. Le corps humain

26. L'homme. Notions fondamentales

être (m) humain	insān (m)	إنسان
homme (m)	raʒul (m)	رجل
femme (f)	imra'a (f)	إمرأة
enfant (m, f)	ṭifl (m)	طفل
fille (f)	bint (f)	بنت
garçon (m)	walad (m)	ولد
adolescent (m)	murāhiq (m)	مراهق
vieillard (m)	ʿaʒūz (m)	عجوز
vieille femme (f)	ʿaʒūza (f)	عجوزة

27. L'anatomie humaine

organisme (m)	ʒism (m)	جسم
cœur (m)	qalb (m)	قلب
sang (m)	dam (m)	دم
artère (f)	ʃaryān (m)	شريان
veine (f)	ʿirq (m)	عرق
cerveau (m)	muxx (m)	مخّ
nerf (m)	ʿaṣab (m)	عصب
nerfs (m pl)	aʿṣāb (pl)	أعصاب
vertèbre (f)	faqra (f)	فقرة
colonne (f) vertébrale	ʿamūd faqriy (m)	عمود فقريّ
estomac (m)	maʿida (f)	معدة
intestins (m pl)	amʿāʾ (pl)	أمعاء
intestin (m)	miʿan (m)	معى
foie (m)	kibd (f)	كبد
rein (m)	kilya (f)	كلية
os (m)	ʿaẓm (m)	عظم
squelette (f)	haykal ʿaẓmiy (m)	هيكل عظميّ
côte (f)	ḍilʿ (m)	ضلع
crâne (m)	ʒumʒuma (f)	جمجمة
muscle (m)	ʿaḍala (f)	عضلة
biceps (m)	ʿaḍala ðāt ra'sayn (f)	عضلة ذات رأسين
triceps (m)	ʿaḍla θulāθiyyat ar ru'ūs (f)	عضلة ثلائيّة الرءوس
tendon (m)	watar (m)	وتر
articulation (f)	mafṣil (m)	مفصل

poumons (m pl)	ri'atān (du)	رئتان
organes (m pl) génitaux	a'ḍā' ʒinsiyya (pl)	أعضاء جنسيّة
peau (f)	buʃra (m)	بشرة

28. La tête

tête (f)	ra's (m)	رأس
visage (m)	waʒh (m)	وجه
nez (m)	anf (m)	أنف
bouche (f)	fam (m)	فم
œil (m)	'ayn (f)	عين
les yeux	'uyūn (pl)	عيون
pupille (f)	ḥadaqa (f)	حدقة
sourcil (m)	ḥāʒib (m)	حاجب
cil (m)	rimʃ (m)	رمش
paupière (f)	ʒafn (m)	جفن
langue (f)	lisān (m)	لسان
dent (f)	sinn (f)	سنّ
lèvres (f pl)	ʃifāh (pl)	شفاه
pommettes (f pl)	'iẓām waʒhiyya (pl)	عظام وجهيّة
gencive (f)	liθθa (f)	لثّة
palais (m)	ḥanak (m)	حنك
narines (f pl)	minxarān (du)	منخران
menton (m)	ðaqan (m)	ذقن
mâchoire (f)	fakk (m)	فكّ
joue (f)	xadd (m)	خدّ
front (m)	ʒabha (f)	جبهة
tempe (f)	ṣudɣ (m)	صدغ
oreille (f)	uðun (f)	أذن
nuque (f)	qafa (m)	قفا
cou (m)	raqaba (f)	رقبة
gorge (f)	ḥalq (m)	حلق
cheveux (m pl)	ʃa'r (m)	شعر
coiffure (f)	tasrīḥa (f)	تسريحة
coupe (f)	tasrīḥa (f)	تسريحة
perruque (f)	barūka (f)	باروكة
moustache (f)	ʃawārib (pl)	شوارب
barbe (f)	liḥya (f)	لحية
porter (~ la barbe)	'indahu	عنده
tresse (f)	ḍifīra (f)	ضفيرة
favoris (m pl)	sawālif (pl)	سوالف
roux (adj)	aḥmar aʃ ʃa'r	أحمر الشعر
gris, grisonnant (adj)	abyaḍ	أبيض
chauve (adj)	aṣla'	أصلع
calvitie (f)	ṣala' (m)	صلع
queue (f) de cheval	ðayl ḥiṣān (m)	ذيل حصان
frange (f)	quṣṣa (f)	قصّة

29. Le corps humain

main (f)	yad (m)	يد
bras (m)	ðirā' (f)	ذراع
doigt (m)	iṣba' (m)	إصبع
orteil (m)	iṣba' al qadam (m)	إصبع القدم
pouce (m)	ibhām (m)	إبهام
petit doigt (m)	χunṣur (m)	خنصر
ongle (m)	ẓufr (m)	ظفر
poing (m)	qabḍa (f)	قبضة
paume (f)	kaff (f)	كفّ
poignet (m)	mi'ṣam (m)	معصم
avant-bras (m)	sā'id (m)	ساعد
coude (m)	mirfaq (m)	مرفق
épaule (f)	katf (f)	كتف
jambe (f)	riʒl (f)	رجل
pied (m)	qadam (f)	قدم
genou (m)	rukba (f)	ركبة
mollet (m)	sammāna (f)	سمّانة
hanche (f)	faχð (f)	فخذ
talon (m)	'aqb (m)	عقب
corps (m)	ʒism (m)	جسم
ventre (m)	baṭn (m)	بطن
poitrine (f)	ṣadr (m)	صدر
sein (m)	θady (m)	ثدي
côté (m)	ʒamb (m)	جنب
dos (m)	ẓahr (m)	ظهر
reins (région lombaire)	asfal aẓ ẓahr (m)	أسفل الظهر
taille (f) (~ de guêpe)	χaṣr (m)	خصر
nombril (m)	surra (f)	سرّة
fesses (f pl)	ardāf (pl)	أرداف
derrière (m)	dubr (m)	دبر
grain (m) de beauté	ʃāma (f)	شامة
tache (f) de vin	waḥma	وحمة
tatouage (m)	waʃm (m)	وشم
cicatrice (f)	nadba (f)	ندبة

Les vêtements & les accessoires

30. Les vêtements d'extérieur

vêtement (m)	malābis (pl)	ملابس
survêtement (m)	malābis fawqāniyya (pl)	ملابس فوقانيّة
vêtement (m) d'hiver	malābis ʃitawiyya (pl)	ملابس شتويّة
manteau (m)	mi'ṭaf (m)	معطف
manteau (m) de fourrure	mi'ṭaf farw (m)	معطف فرو
veste (f) de fourrure	ʒākīt farw (m)	جاكيت فرو
manteau (m) de duvet	haʃiyyat rīʃ (m)	حشية ريش
veste (f) (~ en cuir)	ʒākīt (m)	جاكيت
imperméable (m)	mi'ṭaf lil maṭar (m)	معطف للمطر
imperméable (adj)	ṣāmid lil mā'	صامد للماء

31. Les vêtements

chemise (f)	qamīṣ (m)	قميص
pantalon (m)	banṭalūn (m)	بنطلون
jean (m)	ʒīnz (m)	جينز
veston (m)	sutra (f)	سترة
complet (m)	badla (f)	بدلة
robe (f)	fustān (m)	فستان
jupe (f)	tannūra (f)	تنّورة
chemisette (f)	blūza (f)	بلوزة
veste (f) en laine	kardigān (m)	كارديجان
jaquette (f), blazer (m)	ʒākīt (m)	جاكيت
tee-shirt (m)	ti ʃirt (m)	تي شيرت
short (m)	ʃūrt (m)	شورت
costume (m) de sport	badlat at tadrīb (f)	بدلة التدريب
peignoir (m) de bain	θawb hammām (m)	ثوب حمّام
pyjama (m)	biʒāma (f)	بيجاما
chandail (m)	bulūvir (m)	بلوفر
pull-over (m)	bulūvir (m)	بلوفر
gilet (m)	ṣudayriy (m)	صديريّ
queue-de-pie (f)	badlat sahra (f)	بدلة سهرة
smoking (m)	smūkin (m)	سموكن
uniforme (m)	zayy muwahhad (m)	زي موحّد
tenue (f) de travail	θiyāb al 'amal (m)	ثياب العمل
salopette (f)	uvirūl (m)	اوفرول
blouse (f) (d'un médecin)	θawb (m)	ثوب

32. Les sous-vêtements

sous-vêtements (m pl)	malābis dāχiliyya (pl)	ملابس داخليّة
boxer (m)	sirwāl dāχiliy riʒāliy (m)	سروال داخلي رجاليّ
slip (m) de femme	sirwāl dāχiliy nisā'iy (m)	سروال داخلي نسائيّ
maillot (m) de corps	qamīṣ bila aqmām (m)	قميص بلا أكمام
chaussettes (f pl)	ʒawārib (pl)	جوارب
chemise (f) de nuit	qamīṣ nawm (m)	قميص نوم
soutien-gorge (m)	ḥammālat ṣadr (f)	حمّالة صدر
chaussettes (f pl) hautes	ʒawārib ṭawīla (pl)	جوارب طويلة
collants (m pl)	ʒawārib kulūn (pl)	جوارب كولون
bas (m pl)	ʒawārib nisā'iyya (pl)	جوارب نسائية
maillot (m) de bain	libās sibāḥa (m)	لباس سباحة

33. Les chapeaux

chapeau (m)	qubba'a (f)	قبّعة
chapeau (m) feutre	burnayṭa (f)	برنيطة
casquette (f) de base-ball	kāb baysbūl (m)	كاب بيسبول
casquette (f)	qubba'a musaṭṭaḥa (f)	قبّعة مسطحة
béret (m)	birīḥ (m)	بيريه
capuche (f)	ɣiṭā' (m)	غطاء
panama (m)	qubba'at banāma (f)	قبّعة بناما
bonnet (m) de laine	qubbā'a maḥbūka (m)	قبّعة محبوكة
foulard (m)	'īʃārb (m)	إيشارب
chapeau (m) de femme	burnayṭa (f)	برنيطة
casque (m) (d'ouvriers)	χūða (f)	خوذة
calot (m)	kāb (m)	كاب
casque (m) (~ de moto)	χūða (f)	خوذة
melon (m)	qubba'at dirbi (f)	قبّعة ديربي
haut-de-forme (m)	qubba'a 'āliya (f)	قبّعة عالية

34. Les chaussures

chaussures (f pl)	aḥðiya (pl)	أحذية
bottines (f pl)	ʒazma (f)	جزمة
souliers (m pl) (~ plats)	ʒazma (f)	جزمة
bottes (f pl)	būt (m)	بوت
chaussons (m pl)	ʃibʃib (m)	شبشب
tennis (m pl)	ḥiðā' riyāḍiy (m)	حذاء رياضيّ
baskets (f pl)	kutʃi (m)	كوتشي
sandales (f pl)	ṣandal (pl)	صندل
cordonnier (m)	iskāfiy (m)	إسكافيّ
talon (m)	ka'b (m)	كعب

paire (f)	zawʒ (m)	زوج
lacet (m)	ʃarīṭ (m)	شريط
lacer (vt)	rabaṭ	ربط
chausse-pied (m)	labbāsat ḥiðā' (f)	لبّاسة حذاء
cirage (m)	warnīʃ al ḥiðā' (m)	ورنيش الحذاء

35. Le textile. Les tissus

coton (m)	quṭn (m)	قطن
de coton (adj)	min al quṭn	من القطن
lin (m)	kattān (m)	كتّان
de lin (adj)	min il kattān	من الكتّان
soie (f)	ḥarīr (m)	حرير
de soie (adj)	min al ḥarīr	من الحرير
laine (f)	ṣūf (m)	صوف
en laine (adj)	min aṣ ṣūf	من الصوف
velours (m)	muχmal (m)	مخمل
chamois (m)	ʒild ʃāmwāh (m)	جلد شاموه
velours (m) côtelé	quṭn qaṭīfa (f)	قطن قطيفة
nylon (m)	naylūn (m)	نايلون
en nylon (adj)	min an naylūn	من النيلون
polyester (m)	bulyistir (m)	بوليستر
en polyester (adj)	min al bulyastar	من البوليستر
cuir (m)	ʒild (m)	جلد
en cuir (adj)	min al ʒild	من الجلد
fourrure (f)	farw (m)	فرو
en fourrure (adj)	min al farw	من الفرو

36. Les accessoires personnels

gants (m pl)	quffāz (m)	قفّاز
moufles (f pl)	quffāz muχlaq (m)	قفّاز مغلق
écharpe (f)	'īʃārb (m)	إيشارب
lunettes (f pl)	naẓẓāra (f)	نظّارة
monture (f)	iṭār (m)	إطار
parapluie (m)	ʃamsiyya (f)	شمسيّة
canne (f)	'aṣa (f)	عصا
brosse (f) à cheveux	furʃat ʃa'r (f)	فرشة شعر
éventail (m)	mirwaḥa yadawiyya (f)	مروحة يدوية
cravate (f)	karavatta (f)	كرافتة
nœud papillon (m)	babyūn (m)	ببيون
bretelles (f pl)	ḥammāla (f)	حمّالة
mouchoir (m)	mandīl (m)	منديل
peigne (m)	miʃṭ (m)	مشط
barrette (f)	dabbūs (m)	دبّوس

épingle (f) à cheveux	bansa (m)	بنسة
boucle (f)	bukla (f)	بكلة
ceinture (f)	ḥizām (m)	حزام
bandoulière (f)	ḥammalat al katf (f)	حمّالة الكتف
sac (m)	ʃanṭa (f)	شنطة
sac (m) à main	ʃanṭat yad (f)	شنطة يد
sac (m) à dos	ḥaqībat ẓahr (f)	حقيبة ظهر

37. Les vêtements. Divers

mode (f)	mūḍa (f)	موضة
à la mode (adj)	fil mūḍa	في الموضة
couturier, créateur de mode	muṣammim azyāʼ (m)	مصمّم أزياء
col (m)	yāqa (f)	ياقة
poche (f)	ʒayb (m)	جيب
de poche (adj)	ʒayb	جيب
manche (f)	kumm (m)	كُمّ
bride (f)	ʻallāqa (f)	علّاقة
braguette (f)	lisān (m)	لسان
fermeture (f) à glissière	zimām munzaliq (m)	زمام منزلق
agrafe (f)	miʃbak (m)	مشبك
bouton (m)	zirr (m)	زِرّ
boutonnière (f)	ʻurwa (f)	عروة
s'arracher (bouton)	waqaʻ	وقع
coudre (vi, vt)	xāṭ	خاط
broder (vt)	ṭarraz	طرّز
broderie (f)	taṭrīz (m)	تطريز
aiguille (f)	ibra (f)	إبرة
fil (m)	xayṭ (m)	خيط
couture (f)	darz (m)	درز
se salir (vp)	tawassax	توسّخ
tache (f)	buqʻa (f)	بقعة
se froisser (vp)	takarmaʃ	تكرمش
déchirer (vt)	qaṭṭaʻ	قطّع
mite (f)	ʻuθθa (f)	عثّة

38. L'hygiène corporelle. Les cosmétiques

dentifrice (m)	maʻʒūn asnān (m)	معجون أسنان
brosse (f) à dents	furʃat asnān (f)	فرشة أسنان
se brosser les dents	naẓẓaf al asnān	نظّف الأسنان
rasoir (m)	mūs ḥilāqa (m)	موس حلاقة
crème (f) à raser	krīm ḥilāqa (m)	كريم حلاقة
se raser (vp)	ḥalaq	حلق
savon (m)	ṣābūn (m)	صابون

shampooing (m)	ʃāmbū (m)	شامبو
ciseaux (m pl)	maqaṣṣ (m)	مقص
lime (f) à ongles	mibrad (m)	مبرد
pinces (f pl) à ongles	milqaṭ (m)	ملقط
pince (f) à épiler	milqaṭ (m)	ملقط
produits (m pl) de beauté	mawādd at taʒmīl (pl)	مواد التجميل
masque (m) de beauté	mask (m)	ماسك
manucure (f)	manikūr (m)	مانيكور
se faire les ongles	'amal manikūr	عمل مانيكور
pédicurie (f)	badikīr (m)	باديكير
trousse (f) de toilette	ḥaqībat adawāt at taʒmīl (f)	حقيبة أدوات التجميل
poudre (f)	budrat waʒh (f)	بودرة وجه
poudrier (m)	'ulbat būdra (f)	علبة بودرة
fard (m) à joues	aḥmar xudūd (m)	أحمر خدود
parfum (m)	'iṭr (m)	عطر
eau (f) de toilette	kulūnya (f)	كولونيا
lotion (f)	lusiyun (m)	لوسيون
eau de Cologne (f)	kulūniya (f)	كولونيا
fard (m) à paupières	ay ʃaduw (m)	اي شادو
crayon (m) à paupières	kuḥl al 'uyūn (m)	كحل العيون
mascara (m)	maskara (f)	ماسكارا
rouge (m) à lèvres	aḥmar ʃifāh (m)	أحمر شفاه
vernis (m) à ongles	mulammi' al aẓāfir (m)	ملمع الاظافر
laque (f) pour les cheveux	muθabbit aʃ ʃaʿr (m)	مثبت الشعر
déodorant (m)	muzīl rawā'iḥ (m)	مزيل روائح
crème (f)	krīm (m)	كريم
crème (f) pour le visage	krīm lil waʒh (m)	كريم للوجه
crème (f) pour les mains	krīm lil yadayn (m)	كريم لليدين
crème (f) anti-rides	krīm muḍādd lit taʒāʿīd (m)	كريم مضاد للتجاعيد
crème (f) de jour	krīm an nahār (m)	كريم النهار
crème (f) de nuit	krīm al layl (m)	كريم الليل
de jour (adj)	nahāriy	نهاري
de nuit (adj)	layliy	ليلي
tampon (m)	tambūn (m)	تانبون
papier (m) de toilette	waraq ḥammām (m)	ورق حمام
sèche-cheveux (m)	muʒaffif ʃaʿr (m)	مجفف شعر

39. Les bijoux. La bijouterie

bijoux (m pl)	muʒawharāt (pl)	مجوهرات
précieux (adj)	karīm	كريم
poinçon (m)	damɣa (f)	دمغة
bague (f)	xātim (m)	خاتم
alliance (f)	diblat al xuṭūba (m)	دبلة الخطوبة
bracelet (m)	siwār (m)	سوار
boucles (f pl) d'oreille	ḥalaq (m)	حلق

collier (m) (de perles)	'aqd (m)	عقد
couronne (f)	tāʒ (m)	تاج
collier (m) (en verre, etc.)	'aqd xaraz (m)	عقد خرز

diamant (m)	almās (m)	الماس
émeraude (f)	zumurrud (m)	زمرّد
rubis (m)	yāqūt aḥmar (m)	ياقوت أحمر
saphir (m)	yāqūt azraq (m)	ياقوت أزرق
perle (f)	lu'lu' (m)	لؤلؤ
ambre (m)	kahramān (m)	كهرمان

40. Les montres. Les horloges

montre (f)	sā'a (f)	ساعة
cadran (m)	waʒh as sā'a (m)	وجه الساعة
aiguille (f)	'aqrab as sā'a (m)	عقرب الساعة
bracelet (m)	siwār sā'a ma'daniyya (m)	سوار ساعة معدنية
bracelet (m) (en cuir)	siwār sā'a (m)	سوار ساعة

pile (f)	baṭṭāriyya (f)	بطّاريّة
être déchargé	tafarrax	تفرّغ
changer de pile	xayyar al baṭṭāriyya	غيّر البطّاريّة
avancer (vi)	sabaq	سبق
retarder (vi)	ta'axxar	تأخّر

pendule (f)	sā'at ḥā'iṭ (f)	ساعة حائط
sablier (m)	sā'a ramliyya (f)	ساعة رمليّة
cadran (m) solaire	sā'a ʃamsiyya (f)	ساعة شمسيّة
réveil (m)	munabbih (m)	منبّه
horloger (m)	sa'ātiy (m)	ساعاتيّ
réparer (vt)	aṣlaḥ	أصلح

Les aliments. L'alimentation

41. Les aliments

viande (f)	laḥm (m)	لحم
poulet (m)	daʒāʒ (m)	دجاج
poulet (m) (poussin)	farrūʒ (m)	فروج
canard (m)	baṭṭa (f)	بطة
oie (f)	iwazza (f)	إوزة
gibier (m)	ṣayd (m)	صيد
dinde (f)	daʒāʒ rūmiy (m)	دجاج رومي
du porc	laḥm al xinzīr (m)	لحم الخنزير
du veau	laḥm il ʿiʒl (m)	لحم العجل
du mouton	laḥm aḍ ḍa'n (m)	لحم الضأن
du bœuf	laḥm al baqar (m)	لحم البقر
lapin (m)	arnab (m)	أرنب
saucisson (m)	suʒuq (m)	سجق
saucisse (f)	suʒuq (m)	سجق
bacon (m)	bikūn (m)	بيكون
jambon (m)	hām (m)	هام
cuisse (f)	faxð xinzīr (m)	فخذ خنزير
pâté (m)	maʿʒūn laḥm (m)	معجون لحم
foie (m)	kibda (f)	كبدة
farce (f)	ḥaʃwa (f)	حشوة
langue (f)	lisān (m)	لسان
œuf (m)	bayḍa (f)	بيضة
les œufs	bayḍ (m)	بيض
blanc (m) d'œuf	bayāḍ al bayḍ (m)	بياض البيض
jaune (m) d'œuf	ṣafār al bayḍ (m)	صفار البيض
poisson (m)	samak (m)	سمك
fruits (m pl) de mer	fawākih al baḥr (pl)	فواكه البحر
caviar (m)	kaviyār (m)	كافيار
crabe (m)	salṭaʿūn (m)	سلطعون
crevette (f)	ʒambari (m)	جمبري
huître (f)	maḥār (m)	محار
langoustine (f)	karkand ʃāik (m)	كركند شائك
poulpe (m)	uxṭubūṭ (m)	أخطبوط
calamar (m)	kalmāri (m)	كالماري
esturgeon (m)	samak al ḥaʃʃ (m)	سمك الحفش
saumon (m)	salmūn (m)	سلمون
flétan (m)	samak al halbūt (m)	سمك الهلبوت
morue (f)	samak al qudd (m)	سمك القدّ
maquereau (m)	usqumriy (m)	أسقمريّ

thon (m)	tūna (f)	تونة
anguille (f)	ḥankalīs (m)	حنكليس
truite (f)	salmūn muraqqaṭ (m)	سلمون مرقّط
sardine (f)	sardīn (m)	سردين
brochet (m)	samak al karāki (m)	سمك الكراكي
hareng (m)	rinʒa (f)	رنجة
pain (m)	χubz (m)	خبز
fromage (m)	ʒubna (f)	جبنة
sucre (m)	sukkar (m)	سكّر
sel (m)	milḥ (m)	ملح
riz (m)	urz (m)	أرز
pâtes (m pl)	makarūna (f)	مكرونة
nouilles (f pl)	nūdlis (f)	نودلز
beurre (m)	zubda (f)	زبدة
huile (f) végétale	zayt (m)	زيت
huile (f) de tournesol	zayt ʿabīd aʃ ʃams (m)	زيت عبيد الشمس
margarine (f)	marɣarīn (m)	مرغرين
olives (f pl)	zaytūn (m)	زيتون
huile (f) d'olive	zayt az zaytūn (m)	زيت الزيتون
lait (m)	ḥalīb (m)	حليب
lait (m) condensé	ḥalīb mukaθθaf (m)	حليب مكثّف
yogourt (m)	yūɣurt (m)	يوغرت
crème (f) aigre	krīma ḥāmiḍa (f)	كريمة حامضة
crème (f) (de lait)	krīma (f)	كريمة
sauce (f) mayonnaise	mayunīz (m)	مايونيز
crème (f) au beurre	krīmat zubda (f)	كريمة زبدة
gruau (m)	ḥubūb (pl)	حبوب
farine (f)	daqīq (m)	دقيق
conserves (f pl)	muʿallabāt (pl)	معلّبات
pétales (m pl) de maïs	kurn fliks (m)	كورن فليكس
miel (m)	ʿasal (m)	عسل
confiture (f)	murabba (m)	مربّى
gomme (f) à mâcher	ʿilk (m)	علك

42. Les boissons

eau (f)	mā' (m)	ماء
eau (f) potable	mā' ʃurb (m)	ماء شرب
eau (f) minérale	mā' maʿdaniy (m)	ماء معدني
plate (adj)	bi dūn ɣāz	بدون غاز
gazeuse (l'eau ~)	mukarban	مكربن
pétillante (adj)	bil ɣāz	بالغاز
glace (f)	θalʒ (m)	ثلج
avec de la glace	biθ θalʒ	بالثلج

sans alcool	bi dūn kuḥūl	بدون كحول
boisson (f) non alcoolisée	maʃrūb ɣāziy (m)	مشروب غازي
rafraîchissement (m)	maʃrūb muθallaʒ (m)	مشروب مثلّج
limonade (f)	ʃarāb laymūn (m)	شراب ليمون
boissons (f pl) alcoolisées	maʃrūbāt kuḥūliyya (pl)	مشروبات كحوليّة
vin (m)	nabīð (f)	نبيذ
vin (m) blanc	nibīð abyaḍ (m)	نبيذ أبيض
vin (m) rouge	nabīð aḥmar (m)	نبيذ أحمر
liqueur (f)	liqiūr (m)	ليكيور
champagne (m)	ʃambāniya (f)	شمبانيا
vermouth (m)	virmut (m)	فيرموث
whisky (m)	wiski (m)	وسكي
vodka (f)	vudka (f)	فودكا
gin (m)	ʒīn (m)	جين
cognac (m)	kunyāk (m)	كونياك
rhum (m)	rum (m)	رم
café (m)	qahwa (f)	قهوة
café (m) noir	qahwa sāda (f)	قهوة سادة
café (m) au lait	qahwa bil ḥalīb (f)	قهوة بالحليب
cappuccino (m)	kaputʃīnu (m)	كابتشينو
café (m) soluble	niskafi (m)	نيسكافيه
lait (m)	ḥalīb (m)	حليب
cocktail (m)	kuktayl (m)	كوكتيل
cocktail (m) au lait	milk ʃiyk (m)	ميلك شيك
jus (m)	'aṣīr (m)	عصير
jus (m) de tomate	'aṣīr ṭamāṭim (m)	عصير طماطم
jus (m) d'orange	'aṣīr burtuqāl (m)	عصير برتقال
jus (m) pressé	'aṣīr ṭāziʒ (m)	عصير طازج
bière (f)	bīra (f)	بيرة
bière (f) blonde	bīra xafīfa (f)	بيرة خفيفة
bière (f) brune	bīra ɣāmiqa (f)	بيرة غامقة
thé (m)	ʃāy (m)	شاي
thé (m) noir	ʃāy aswad (m)	شاي أسود
thé (m) vert	ʃāy axḍar (m)	شاي أخضر

43. Les légumes

légumes (m pl)	xuḍār (pl)	خضار
verdure (f)	xuḍrawāt waraqiyya (pl)	خضروات ورقيّة
tomate (f)	ṭamāṭim (f)	طماطم
concombre (m)	xiyār (m)	خيار
carotte (f)	ʒazar (m)	جزر
pomme (f) de terre	baṭāṭis (f)	بطاطس
oignon (m)	baṣal (m)	بصل
ail (m)	θūm (m)	ثوم

chou (m)	kurumb (m)	كرنب
chou-fleur (m)	qarnabīṭ (m)	قرنبيط
chou (m) de Bruxelles	kurumb brūksil (m)	كرنب بروكسل
brocoli (m)	brukuli (m)	بركولي
betterave (f)	banȝar (m)	بنجر
aubergine (f)	bātinȝān (m)	باذنجان
courgette (f)	kūsa (f)	كوسة
potiron (m)	qarʿ (m)	قرع
navet (m)	lift (m)	لفت
persil (m)	baqdūnis (m)	بقدونس
fenouil (m)	ʃabat (m)	شبت
laitue (f) (salade)	χass (m)	خسّ
céleri (m)	karafs (m)	كرفس
asperge (f)	halyūn (m)	هليون
épinard (m)	sabāniχ (m)	سبانخ
pois (m)	bisilla (f)	بسلّة
fèves (f pl)	fūl (m)	فول
maïs (m)	ðura (f)	ذرّة
haricot (m)	faṣūliya (f)	فاصوليا
poivron (m)	filfil (m)	فلفل
radis (m)	fiȝl (m)	فجل
artichaut (m)	χurʃūf (m)	خرشوف

44. Les fruits. Les noix

fruit (m)	fākiha (f)	فاكهة
pomme (f)	tuffāḥa (f)	تفاحة
poire (f)	kummaθra (f)	كمّثرى
citron (m)	laymūn (m)	ليمون
orange (f)	burtuqāl (m)	برتقال
fraise (f)	farawla (f)	فراولة
mandarine (f)	yūsufiy (m)	يوسفي
prune (f)	barqūq (m)	برقوق
pêche (f)	durrāq (m)	دراق
abricot (m)	miʃmiʃ (f)	مشمش
framboise (f)	tūt al ʿullayq al aḥmar (m)	توت العليق الأحمر
ananas (m)	ananās (m)	أناناس
banane (f)	mawz (m)	موز
pastèque (f)	baṭṭīχ aḥmar (m)	بطّيخ أحمر
raisin (m)	ʿinab (m)	عنب
merise (f), cerise (f)	karaz (m)	كرز
melon (m)	baṭṭīχ aṣfar (f)	بطّيخ أصفر
pamplemousse (m)	zinbāʿ (m)	زنباع
avocat (m)	avukādu (f)	افوكاتو
papaye (f)	babāya (m)	بابايا
mangue (f)	mangu (m)	مانجو
grenade (f)	rummān (m)	رمان

groseille (f) rouge	kiʃmiʃ aḥmar (m)	كشمش أحمر
cassis (m)	'inab aθ θa'lab al aswad (m)	عنب الثعلب الأسود
groseille (f) verte	'inab aθ θa'lab (m)	عنب الثعلب
myrtille (f)	'inab al aḥrāʒ (m)	عنب الأحراج
mûre (f)	θamar al 'ullayk (m)	ثمر العليق

raisin (m) sec	zabīb (m)	زبيب
figue (f)	tīn (m)	تين
datte (f)	tamr (m)	تمر

cacahuète (f)	fūl sudāniy (m)	فول سودانيّ
amande (f)	lawz (m)	لوز
noix (f)	'ayn al ʒamal (f)	عين الجمل
noisette (f)	bunduq (m)	بندق
noix (f) de coco	ʒawz al hind (m)	جوز هند
pistaches (f pl)	fustuq (m)	فستق

45. Le pain. Les confiseries

confiserie (f)	ḥalawiyyāt (pl)	حلويّات
pain (m)	xubz (m)	خبز
biscuit (m)	baskawīt (m)	بسكويت

chocolat (m)	ʃukulāta (f)	شكولاتة
en chocolat (adj)	biʃ ʃukulāta	بالشكولاتة
bonbon (m)	bumbūn (m)	بونبون
gâteau (m), pâtisserie (f)	ka'k (m)	كعك
tarte (f)	tūrta (f)	تورتة

| gâteau (m) | faṭīra (f) | فطيرة |
| garniture (f) | ḥaʃwa (f) | حشوة |

confiture (f)	murabba (m)	مربّى
marmelade (f)	marmalād (f)	مرملاد
gaufre (f)	wāfil (m)	وافل
glace (f)	muθallaʒāt (pl)	مثلّجات
pudding (m)	būding (m)	بودنج

46. Les plats cuisinés

plat (m)	waʒba (f)	وجبة
cuisine (f)	maṭbax (m)	مطبخ
recette (f)	waṣfa (f)	وصفة
portion (f)	waʒba (f)	وجبة

| salade (f) | sulṭa (f) | سلطة |
| soupe (f) | ʃūrba (f) | شوربة |

bouillon (m)	maraq (m)	مرق
sandwich (m)	sandawitʃ (m)	ساندويتش
les œufs brouillés	bayḍ maqliy (m)	بيض مقليّ
hamburger (m)	hamburger (m)	هامبورجر

steak (m)	biftīk (m)	بفتيك
garniture (f)	ṭabaq ʒānibiy (m)	طبق جانبيّ
spaghettis (m pl)	spaɣitti (m)	سباغيتي
purée (f)	harīs baṭāṭis (m)	هريس بطاطس
pizza (f)	bītza (f)	بيتزا
bouillie (f)	ʿaṣīda (f)	عصيدة
omelette (f)	bayḍ maxfūq (m)	بيض مخفوق
cuit à l'eau (adj)	maslūq	مسلوق
fumé (adj)	mudaxxin	مدخّن
frit (adj)	maqliy	مقليّ
sec (adj)	muʒaffaf	مجفّف
congelé (adj)	muʒammad	مجمّد
mariné (adj)	muxallil	مخلّل
sucré (adj)	musakkar	مسكّر
salé (adj)	māliḥ	مالح
froid (adj)	bārid	بارد
chaud (adj)	sāxin	ساخن
amer (adj)	murr	مرّ
bon (savoureux)	laðīð	لذيذ
cuire à l'eau	ṭabax	طبخ
préparer (le dîner)	haddar	حضّر
faire frire	qala	قلي
réchauffer (vt)	saxxan	سخّن
saler (vt)	mallaḥ	ملّح
poivrer (vt)	falfal	فلفل
râper (vt)	baʃar	بشر
peau (f)	qiʃra (f)	قشرة
éplucher (vt)	qaʃʃar	قشّر

47. Les épices

sel (m)	milḥ (m)	ملح
salé (adj)	māliḥ	مالح
saler (vt)	mallaḥ	ملّح
poivre (m) noir	filfil aswad (m)	فلفل أسود
poivre (m) rouge	filfil aḥmar (m)	فلفل أحمر
moutarde (f)	ṣalṣat al xardal (f)	صلصة الخردل
raifort (m)	fiʒl ḥārr (m)	فجل حارّ
condiment (m)	tābil (m)	تابل
épice (f)	bahār (m)	بهار
sauce (f)	ṣalṣa (f)	صلصة
vinaigre (m)	xall (m)	خلّ
anis (m)	yānsūn (m)	يانسون
basilic (m)	rīḥān (m)	ريحان
clou (m) de girofle	qurumful (m)	قرنفل
gingembre (m)	zanʒabīl (m)	زنجبيل
coriandre (m)	kuzbara (f)	كزبرة

cannelle (f)	qirfa (f)	قرفة
sésame (m)	simsim (m)	سمسم
feuille (f) de laurier	awrāq al ɣār (pl)	أوراق الغار
paprika (m)	babrika (f)	بابريكا
cumin (m)	karāwiya (f)	كراوية
safran (m)	za'farān (m)	زعفران

48. Les repas

nourriture (f)	akl (m)	أكل
manger (vi, vt)	akal	أكل
petit déjeuner (m)	fuṭūr (m)	فطور
prendre le petit déjeuner	afṭar	أفطر
déjeuner (m)	ɣadā' (m)	غداء
déjeuner (vi)	taɣadda	تغدّى
dîner (m)	'aʃā' (m)	عشاء
dîner (vi)	ta'aʃʃa	تعشّى
appétit (m)	ʃahiyya (f)	شهيّة
Bon appétit!	hanī'an marī'an!	هنيئًا مريئًا!
ouvrir (vt)	fataḥ	فتح
renverser (liquide)	dalaq	دلق
se renverser (liquide)	indalaq	إندلق
bouillir (vi)	ɣala	غلى
faire bouillir	ɣala	غلى
bouilli (l'eau ~e)	maɣliy	مغليّ
refroidir (vt)	barrad	برّد
se refroidir (vp)	tabarrad	تبرّد
goût (m)	ṭa'm (m)	طعم
arrière-goût (m)	al maðāq al 'āliq fil fam (m)	المذاق العالق فى الفم
suivre un régime	faqad al wazn	فقد الوزن
régime (m)	ḥimya ɣaðā'iyya (f)	حمية غذائية
vitamine (f)	vitamīn (m)	فيتامين
calorie (f)	su'ra ḥarāriyya (f)	سعرة حرارية
végétarien (m)	nabātiy (m)	نباتيّ
végétarien (adj)	nabātiy	نباتيّ
lipides (m pl)	duhūn (pl)	دهون
protéines (f pl)	brutināt (pl)	بروتينات
glucides (m pl)	naʃawiyyāt (pl)	نشويّات
tranche (f)	ʃarīḥa (f)	شريحة
morceau (m)	qiṭ'a (f)	قطعة
miette (f)	futāta (f)	فتاتة

49. Le dressage de la table

cuillère (f)	mil'aqa (f)	ملعقة
couteau (m)	sikkīn (m)	سكّين

fourchette (f)	ʃawka (f)	شوكة
tasse (f)	finʒān (m)	فنجان
assiette (f)	ṭabaq (m)	طبق
soucoupe (f)	ṭabaq finʒān (m)	طبق فنجان
serviette (f)	mandīl (m)	منديل
cure-dent (m)	χallat asnān (f)	خلة أسنان

50. Le restaurant

restaurant (m)	maṭ'am (m)	مطعم
salon (m) de café	kafé (m), maqha (m)	كافيه، مقهى
bar (m)	bār (m)	بار
salon (m) de thé	ṣālun ʃāy (m)	صالون شاي
serveur (m)	nādil (m)	نادل
serveuse (f)	nādila (f)	نادلة
barman (m)	bārman (m)	بارمان
carte (f)	qā'imat aṭ ṭa'ām (f)	قائمة طعام
carte (f) des vins	qā'imat al χumūr (f)	قائمة خمور
réserver une table	ḥaʒaz mā'ida	حجز مائدة
plat (m)	waʒba (f)	وجبة
commander (vt)	ṭalab	طلب
faire la commande	ṭalab	طلب
apéritif (m)	ʃarāb (m)	شراب
hors-d'œuvre (m)	muqabbilāt (pl)	مقبّلات
dessert (m)	ḥalawiyyāt (pl)	حلويّات
addition (f)	ḥisāb (m)	حساب
régler l'addition	dafa' al ḥisāb	دفع الحساب
rendre la monnaie	a'ṭa al bāqi	أعطى الباقي
pourboire (m)	baqʃīʃ (m)	بقشيش

La famille. Les parents. Les amis

51. Les données personnelles. Les formulaires

prénom (m)	ism (m)	إسم
nom (m) de famille	ism al 'ā'ila (m)	إسم العائلة
date (f) de naissance	tarīχ al mīlād (m)	تاريخ الميلاد
lieu (m) de naissance	makān al mīlād (m)	مكان الميلاد
nationalité (f)	ʒinsiyya (f)	جنسية
domicile (m)	maqarr al iqāma (m)	مقر الإقامة
pays (m)	balad (m)	بلد
profession (f)	mihna (f)	مهنة
sexe (m)	ʒins (m)	جنس
taille (f)	ṭūl (m)	طول
poids (m)	wazn (m)	وزن

52. La famille. Les liens de parenté

mère (f)	umm (f)	أمّ
père (m)	ab (m)	أب
fils (m)	ibn (m)	إبن
fille (f)	ibna (f)	إبنة
fille (f) cadette	al ibna aṣ ṣaɣīra (f)	الإبنة الصغيرة
fils (m) cadet	al ibn aṣ ṣaɣīr (m)	الابن الصغير
fille (f) aînée	al ibna al kabīra (f)	الإبنة الكبيرة
fils (m) aîné	al ibn al kabīr (m)	الإبن الكبير
frère (m)	aχ (m)	أخ
frère (m) aîné	al aχ al kabīr (m)	الأخ الكبير
frère (m) cadet	al aχ aṣ ṣaɣīr (m)	الأخ الصغير
sœur (f)	uχt (f)	أخت
sœur (f) aînée	al uχt al kabīra (f)	الأخت الكبيرة
sœur (f) cadette	al uχt aṣ ṣaɣīra (f)	الأخت الصغيرة
cousin (m)	ibn 'amm (m), ibn χāl (m)	إبن عمّ، إبن خال
cousine (f)	ibnat 'amm (f), ibnat χāl (f)	إبنة عمّ، إبنة خال
maman (f)	mama (f)	ماما
papa (m)	baba (m)	بابا
parents (m pl)	wālidān (du)	والدان
enfant (m, f)	ṭifl (m)	طفل
enfants (pl)	aṭfāl (pl)	أطفال
grand-mère (f)	ʒidda (f)	جدّة
grand-père (m)	ʒadd (m)	جدّ
petit-fils (m)	ḥafīd (m)	حفيد

petite-fille (f)	ḥafīda (f)	حفيدة
petits-enfants (pl)	aḥfād (pl)	أحفاد
oncle (m)	'amm (m), χāl (m)	عمّ, خال
tante (f)	'amma (f), χāla (f)	عمّة, خالة
neveu (m)	ibn al aχ (m), ibn al uχt (m)	إبن الأخ, إبن الأخت
nièce (f)	ibnat al aχ (f), ibnat al uχt (f)	إبنة الأخ, إبنة الأخت
belle-mère (f)	ḥamātt (f)	حماة
beau-père (m)	ḥamm (m)	حم
gendre (m)	zawʒ al ibna (m)	زوج الأبنة
belle-mère (f)	zawʒat al ab (f)	زوجة الأب
beau-père (m)	zawʒ al umm (m)	زوج الأمّ
nourrisson (m)	ṭifl raḍī' (m)	طفل رضيع
bébé (m)	mawlūd (m)	مولود
petit (m)	walad ṣaɣīr (m)	ولد صغير
femme (f)	zawʒa (f)	زوجة
mari (m)	zawʒ (m)	زوج
époux (m)	zawʒ (m)	زوج
épouse (f)	zawʒa (f)	زوجة
marié (adj)	mutazawwiʒ	متزوّج
mariée (adj)	mutazawwiʒa	متزوّجة
célibataire (adj)	a'zab	أعزب
célibataire (m)	a'zab (m)	أعزب
divorcé (adj)	muṭallaq (m)	مطلّق
veuve (f)	armala (f)	أرملة
veuf (m)	armal (m)	أرمل
parent (m)	qarīb (m)	قريب
parent (m) proche	nasīb qarīb (m)	نسيب قريب
parent (m) éloigné	nasīb ba'īd (m)	نسيب بعيد
parents (m pl)	aqārib (pl)	أقارب
orphelin (m), orpheline (f)	yatīm (m)	يتيم
tuteur (m)	waliyy amr (m)	ولي أمر
adopter (un garçon)	tabanna	تبنّى
adopter (une fille)	tabanna	تبنّى

53. Les amis. Les collègues

ami (m)	ṣadīq (m)	صديق
amie (f)	ṣadīqa (f)	صديقة
amitié (f)	ṣadāqa (f)	صداقة
être ami	ṣādaq	صادق
copain (m)	ṣāḥib (m)	صاحب
copine (f)	ṣahiba (f)	صاحبة
partenaire (m)	rafīq (m)	رفيق
chef (m)	ra'īs (m)	رئيس
supérieur (m)	ra'īs (m)	رئيس
propriétaire (m)	ṣāḥib (m)	صاحب

subordonné (m)	tābiʿ (m)	تابع
collègue (m, f)	zamīl (m)	زميل
connaissance (f)	maʿruf (m)	معروف
compagnon (m) de route	rafīq safar (m)	رفيق سفر
copain (m) de classe	zamīl fiṣ ṣaff (m)	زميل في الصفّ
voisin (m)	ʒār (m)	جار
voisine (f)	ʒāra (f)	جارة
voisins (m pl)	ʒirān (pl)	جيران

54. L'homme. La femme

femme (f)	imra'a (f)	إمرأة
jeune fille (f)	fatāt (f)	فتاة
fiancée (f)	ʿarūsa (f)	عروسة
belle (adj)	ʒamīla	جميلة
de grande taille	ṭawīla	طويلة
svelte (adj)	raʃīqa	رشيقة
de petite taille	qaṣīra	قصيرة
blonde (f)	ʃaqrā' (f)	شقراء
brune (f)	sawdā' aʃ ʃaʿr (f)	سوداء الشعر
de femme (adj)	sayyidāt	سيّدات
vierge (f)	ʿaðrā' (f)	عذراء
enceinte (adj)	ḥāmil	حامل
homme (m)	raʒul (m)	رجل
blond (m)	aʃqar (m)	أشقر
brun (m)	aswad aʃ ʃaʿr (m)	أسود الشعر
de grande taille	ṭawīl	طويل
de petite taille	qaṣīr	قصير
rude (adj)	waqiḥ	وقح
trapu (adj)	malyān	مليان
robuste (adj)	matīn	متين
fort (adj)	qawiy	قويّ
force (f)	quwwa (f)	قوّة
gros (adj)	θaxīn	ثخين
basané (adj)	asmar	أسمر
svelte (adj)	raʃīq	رشيق
élégant (adj)	anīq	أنيق

55. L'age

âge (m)	ʿumr (m)	عمر
jeunesse (f)	ʃabāb (m)	شباب
jeune (adj)	ʃābb	شابّ
plus jeune (adj)	aṣɣar	أصغر

plus âgé (adj)	akbar	أكبر
jeune homme (m)	ʃābb (m)	شابّ
adolescent (m)	murāhiq (m)	مراهق
gars (m)	ʃābb (m)	شابّ

| vieillard (m) | ʻaʒūz (m) | عجوز |
| vieille femme (f) | ʻaʒūza (f) | عجوزة |

adulte (m)	bāliɣ (m)	بالغ
d'âge moyen (adj)	fi muntaṣaf al ʻumr	في منتصف العمر
âgé (adj)	ʻaʒūz	عجوز
vieux (adj)	ʻaʒūz	عجوز

retraite (f)	maʻāʃ (m)	معاش
prendre sa retraite	uḥīl ʻalal maʻāʃ	أحيل على المعاش
retraité (m)	mutaqāʻid (m)	متقاعد

56. Les enfants. Les adolescents

enfant (m, f)	ṭifl (m)	طفل
enfants (pl)	aṭfāl (pl)	أطفال
jumeaux (m pl)	taw'amān (du)	توأمان

berceau (m)	mahd (m)	مهد
hochet (m)	xaʃxīʃa (f)	خشخيشة
couche (f)	ḥifāẓ aṭfāl (m)	حفاظ أطفال

tétine (f)	bazzāza (f)	بزّازة
poussette (m)	ʻarabat aṭfāl (f)	عربة أطفال
école (f) maternelle	rawḍat aṭfāl (f)	روضة أطفال
baby-sitter (m, f)	murabbiyat aṭfāl (f)	مربّية الأطفال

| enfance (f) | ṭufūla (f) | طفولة |
| poupée (f) | dumya (f) | دمية |

| jouet (m) | luʻba (f) | لعبة |
| jeu (m) de construction | mukaʻʻabāt (pl) | مكعّبات |

bien élevé (adj)	mu'addab	مؤدّب
mal élevé (adj)	qalīl al adab	قليل الأدب
gâté (adj)	mutdalliʻ	متدلّع

| faire le vilain | laʻib | لعب |
| vilain (adj) | laʻūb | لعوب |

| espièglerie (f) | izʻāʒ (m) | إزعاج |
| vilain (m) | ṭifl laʻūb (m) | طفل لعوب |

| obéissant (adj) | muṭīʻ | مطيع |
| désobéissant (adj) | ʻāq | عاقّ |

sage (adj)	ʻāqil	عاقل
intelligent (adj)	ðakiy	ذكيّ
l'enfant prodige	ṭifl muʻʒiza (m)	طفل معجزة

57. Les couples mariés. La vie de famille

embrasser (sur les lèvres)	bās	باس
s'embrasser (vp)	bās	باس
famille (f)	'ā'ila (f)	عائلة
familial (adj)	'ā'iliy	عائليّ
couple (m)	zawʒān (du)	زوجان
mariage (m) (~ civil)	zawāʒ (m)	زواج
foyer (m) familial	bayt (m)	بيت
dynastie (f)	sulāla (f)	سلالة
rendez-vous (m)	maw'id (m)	موعد
baiser (m)	būsa (f)	بوسة
amour (m)	ḥubb (m)	حبّ
aimer (qn)	aḥabb	أحبّ
aimé (adj)	ḥabīb	حبيب
tendresse (f)	ḥanān (m)	حنان
tendre (affectueux)	ḥanūn	حنون
fidélité (f)	iχlāṣ (m)	إخلاص
fidèle (adj)	muχliṣ	مخلص
soin (m) (~ de qn)	'ināya (f)	عناية
attentionné (adj)	muhtamm	مهتمّ
jeunes mariés (pl)	'arūsān (du)	عروسان
lune (f) de miel	ʃahr al 'asal (m)	شهر العسل
se marier (prendre pour époux)	tazawwaʒ	تزوّج
se marier (prendre pour épouse)	tazawwaʒ	تزوّج
mariage (m)	zifāf (m)	زفاف
les noces d'or	al yubīl að ðahabiy liz zawāʒ (m)	اليوبيل الذهبي للزواج
anniversaire (m)	ðikra sanawiyya (f)	ذكرى سنويّة
amant (m)	ḥabīb (m)	حبيب
maîtresse (f)	ḥabība (f)	حبيبة
adultère (m)	χiyāna zawʒiyya (f)	خيانة زوجية
commettre l'adultère	χān	خان
jaloux (adj)	ɣayūr	غيور
être jaloux	ɣār	غار
divorce (m)	ṭalāq (m)	طلاق
divorcer (vi)	ṭallaq	طلّق
se disputer (vp)	taʃāʒar	تشاجر
se réconcilier (vp)	taṣālaḥ	تصالح
ensemble (adv)	ma'an	معًا
sexe (m)	ʒins (m)	جنس
bonheur (m)	sa'āda (f)	سعادة
heureux (adj)	sa'īd	سعيد
malheur (m)	muṣība (m)	مصيبة
malheureux (adj)	ta'is	تعس

Le caractère. Les émotions

58. Les sentiments. Les émotions

sentiment (m)	ʃuʿūr (m)	شعور
sentiments (m pl)	maʃāʿir (pl)	مشاعر
sentir (vt)	ʃaʿar	شعر
faim (f)	ʒawʿ (m)	جوع
avoir faim	arād an yaʾkul	أراد أن يأكل
soif (f)	ʿaṭaʃ (m)	عطش
avoir soif	arād an yaʃrab	أراد أن يشرب
somnolence (f)	nuʿās (m)	نعاس
avoir sommeil	arād an yanām	أراد أن ينام
fatigue (f)	taʿab (m)	تعب
fatigué (adj)	taʿbān	تعبان
être fatigué	taʿib	تعب
humeur (f) (de bonne ~)	ḥāla nafsiyya, mazāʒ (m)	حالة نفسيّة, مزاج
ennui (m)	malal (m)	ملل
s'ennuyer (vp)	ʃaʿar bil malal	شعر بالملل
solitude (f)	ʿuzla (f)	عزلة
s'isoler (vp)	inzawa	إنزوى
inquiéter (vt)	aqlaq	أقلق
s'inquiéter (vp)	qalaq	قلق
inquiétude (f)	qalaq (m)	قلق
préoccupation (f)	qalaq (m)	قلق
soucieux (adj)	maʃɣūl al bāl	مشغول البال
s'énerver (vp)	qalaq	قلق
paniquer (vi)	uṣīb biθ ðaʿr	أصيب بالذعر
espoir (m)	amal (m)	أمل
espérer (vi)	tamanna	تمنّى
certitude (f)	yaqīn (m)	يقين
certain (adj)	mutaʾakkid	متأكّد
incertitude (f)	ʿadam at taʾakkud (m)	عدم التأكّد
incertain (adj)	ɣayr mutaʾakkid	غير متأكّد
ivre (adj)	sakrān	سكران
sobre (adj)	ṣāḥi	صاح
faible (adj)	ḍaʿīf	ضعيف
heureux (adj)	saʿīd	سعيد
faire peur	arhab	أرهب
fureur (f)	ɣaḍab ʃadīd (m)	غضب شديد
rage (f), colère (f)	ɣaḍab (m)	غضب
dépression (f)	iktiʾāb (m)	إكتئاب
inconfort (m)	ʿadam irtiyāḥ (m)	عدم إرتياح

confort (m)	rāḥa (f)	راحة
regretter (vt)	nadim	ندم
regret (m)	nadam (m)	ندم
malchance (f)	sū' al ḥaẓẓ (m)	سوء الحظّ
tristesse (f)	ḥuzn (f)	حزن

honte (f)	xaʒal (m)	خجل
joie, allégresse (f)	faraḥ (m)	فرح
enthousiasme (m)	ḥamās (m)	حماس
enthousiaste (m)	mutahammis (m)	متحمّس
avoir de l'enthousiasme	tahammas	تحمّس

59. Le caractère. La personnalité

caractère (m)	ṭab' (m)	طبع
défaut (m)	'ayb (m)	عيب
esprit (m), raison (f)	'aql (m)	عقل

conscience (f)	ḍamīr (m)	ضمير
habitude (f)	'āda (f)	عادة
capacité (f)	qudra (f)	قدرة
savoir (faire qch)	'araf	عرف

patient (adj)	ṣābir	صابر
impatient (adj)	qalīl aṣ ṣabr	قليل الصبر
curieux (adj)	fuḍūliy	فضوليّ
curiosité (f)	fuḍūl (m)	فضول

modestie (f)	tawāḍu' (m)	تواضع
modeste (adj)	mutawāḍi'	متواضع
vaniteux (adj)	ɣayr mutawāḍi'	غير متواضع

paresse (f)	kasal (m)	كسل
paresseux (adj)	kaslān	كسلان
paresseux (m)	kaslān (m)	كسلان

astuce (f)	makr (m)	مكر
rusé (adj)	mākir	ماكر
méfiance (f)	'adam aθ θiqa (m)	عدم الثقة
méfiant (adj)	ʃakūk	شكوك

générosité (f)	karam (m)	كرم
généreux (adj)	karīm	كريم
doué (adj)	mawhūb	موهوب
talent (m)	mawhiba (f)	موهبة

courageux (adj)	ʃuʒā'	شجاع
courage (m)	ʃaʒā'a (f)	شجاعة
honnête (adj)	amīn	أمين
honnêteté (f)	amāna (f)	أمانة

prudent (adj)	ḥāðir	حاذر
courageux (adj)	ʃuʒā'	شجاع
sérieux (adj)	ʒādd	جادّ

sévère (adj)	ṣārim	صارم
décidé (adj)	ḥazīm	حزيم
indécis (adj)	mutaraddid	متردّد
timide (adj)	χaʒūl	خجول
timidité (f)	χaʒal (m)	خجل
confiance (f)	θiqa (f)	ثقة
croire (qn)	waθiq	وثق
confiant (adj)	sarīʿ at taṣdīq	سريع التصديق
sincèrement (adv)	bi ṣarāḥa	بصراحة
sincère (adj)	muχliṣ	مخلص
sincérité (f)	iχlāṣ (m)	إخلاص
ouvert (adj)	ṣarīḥ	صريح
calme (adj)	hādi'	هادئ
franc (sincère)	ṣarīḥ	صريح
naïf (adj)	sāðiʒ	ساذج
distrait (adj)	ʃārid al fikr	شارد الفكر
drôle, amusant (adj)	muḍḥik	مضحك
avidité (f)	buχl (m)	بخل
avare (adj)	baχīl	بخيل
radin (adj)	baχīl	بخيل
méchant (adj)	ʃarīr	شرير
têtu (adj)	ʿanīd	عنيد
désagréable (adj)	karīh	كريه
égoïste (m)	anāniy (m)	أنانيّ
égoïste (adj)	anāniy	أنانيّ
peureux (m)	ʒabān (m)	جبان
peureux (adj)	ʒabān	جبان

60. Le sommeil. Les rêves

dormir (vi)	nām	نام
sommeil (m)	nawm (m)	نوم
rêve (m)	ḥulm (m)	حلم
rêver (en dormant)	ḥalam	حلم
endormi (adj)	naʿsān	نعسان
lit (m)	sarīr (m)	سرير
matelas (m)	martaba (f)	مرتبة
couverture (f)	baṭṭāniyya (f)	بطّانيّة
oreiller (m)	wisāda (f)	وسادة
drap (m)	milāya (f)	ملاية
insomnie (f)	araq (m)	أرق
sans sommeil (adj)	ariq	أرق
somnifère (m)	munawwim (m)	منوّم
prendre un somnifère	tanāwal munawwim	تناول منوّمًا
avoir sommeil	arād an yanām	أراد أن ينام
bâiller (vi)	taθā'ab	تثاءب

aller se coucher	ðahab ila n nawm	ذهب إلى النوم
faire le lit	a'add as sarīr	أعدّ السرير
s'endormir (vp)	nām	نام

cauchemar (m)	kābūs (m)	كابوس
ronflement (m)	ʃaxīr (m)	شخير
ronfler (vi)	ʃaxxar	شخَر

réveil (m)	munabbih (m)	منبّه
réveiller (vt)	ayqaẓ	أيقظ
se réveiller (vp)	istayqaẓ	إستيقظ
se lever (tôt, tard)	qām	قام
se laver (le visage)	ɣasal waʒhah	غسل وجهه

61. L'humour. Le rire. La joie

humour (m)	fukāha (f)	فكاهة
sens (m) de l'humour	ḥiss (m)	حس
s'amuser (vp)	istamta'	إستمتع
joyeux (adj)	farḥān	فرحان
joie, allégresse (f)	faraḥ (m)	فرح

sourire (m)	ibtisāma (f)	إبتسامة
sourire (vi)	ibtasam	إبتسم
se mettre à rire	ḍaḥik	ضحك
rire (vi)	ḍaḥik	ضحك
rire (m)	ḍaḥka (f)	ضحكة

anecdote (f)	ḥikāya muḍḥika (f)	حكاية مضحكة
drôle, amusant (adj)	muḍḥik	مضحك
comique, ridicule (adj)	muḍḥik	مضحك

plaisanter (vi)	mazaḥ	مزح
plaisanterie (f)	nukta (f)	نكتة
joie (f) (émotion)	sa'āda (f)	سعادة
se réjouir (vp)	mariḥ	مرح
joyeux (adj)	sa'īd	سعيد

62. Dialoguer et communiquer. Partie 1

| communication (f) | tawāṣul (m) | تواصل |
| communiquer (vi) | tawāṣal | تواصل |

conversation (f)	muḥādaθa (f)	محادثة
dialogue (m)	ḥiwār (m)	حوار
discussion (f) (débat)	munāqaʃa (f)	مناقشة
débat (m)	munāẓara (f)	مناظرة
discuter (vi)	xālaf	خالف

interlocuteur (m)	muḥāwir (m)	محاور
sujet (m)	mawḍū' (m)	موضوع
point (m) de vue	wiʒhat naẓar (f)	وجهة نظر

opinion (f)	ra'y (m)	رأي
discours (m)	ҳiṭāb (m)	خطاب
discussion (f) (d'un rapport)	munāqaʃa (f)	مناقشة
discuter (vt)	nāqaʃ	ناقش
conversation (f)	ḥadīs (m)	حديث
converser (vi)	taḥādaθ	تحادث
rencontre (f)	liqā' (m)	لقاء
se rencontrer (vp)	qābal	قابل
proverbe (m)	maθal (m)	مثل
dicton (m)	qawl ma'θūr (m)	قول مأثور
devinette (f)	luɣz (m)	لغز
poser une devinette	alqa luɣz	ألقى لغزًا
mot (m) de passe	kalimat al murūr (f)	كلمة مرور
secret (m)	sirr (m)	سرّ
serment (m)	qasam (m)	قسم
jurer (de faire qch)	aqsam	أقسم
promesse (f)	wa'd (m)	وعد
promettre (vt)	wa'ad	وعد
conseil (m)	naṣīḥa (f)	نصيحة
conseiller (vt)	naṣaḥ	نصح
suivre le conseil (de qn)	intaṣaḥ	إنتصح
écouter (~ ses parents)	aṭā'	أطاع
nouvelle (f)	ҳabar (m)	خبر
sensation (f)	ḍaʒʒa (f)	ضجّة
renseignements (m pl)	ma'lūmāt (pl)	معلومات
conclusion (f)	istintāʒ (f)	إستنتاج
voix (f)	ṣawt (m)	صوت
compliment (m)	madḥ (m)	مدح
aimable (adj)	laṭīf	لطيف
mot (m)	kalima (f)	كلمة
phrase (f)	'ibāra (f)	عبارة
réponse (f)	ʒawāb (m)	جواب
vérité (f)	ḥaqīqa (f)	حقيقة
mensonge (m)	kiðb (m)	كذب
pensée (f)	fikra (f)	فكرة
idée (f)	fikra (f)	فكرة
fantaisie (f)	ҳayāl (m)	خيال

63. Dialoguer et communiquer. Partie 2

respecté (adj)	muḥtaram	محترم
respecter (vt)	iḥtaram	إحترم
respect (m)	iḥtirām (m)	إحترام
Cher ...	'azīzi ...	عزيزي...
présenter (faire connaître)	'arraf	عرف
faire la connaissance	ta'arraf	تعرّف

intention (f)	niyya (f)	نيّة
avoir l'intention	nawa	نوى
souhait (m)	tamanni (m)	تمنٍ
souhaiter (vt)	tamanna	تمنّى
étonnement (m)	ʿaʒab (m)	عجب
étonner (vt)	adhaʃ	أدهش
s'étonner (vp)	indahaʃ	إندهش
donner (vt)	aʿṭa	أعطى
prendre (vt)	aχað	أخذ
rendre (vt)	radd	ردَّ
retourner (vt)	arʒaʿ	أرجع
s'excuser (vp)	iʿtaðar	إعتذر
excuse (f)	iʿtiðār (m)	إعتذار
pardonner (vt)	ʿafa	عفا
parler (~ avec qn)	taḥaddaθ	تحدّث
écouter (vt)	istamaʿ	إستمع
écouter jusqu'au bout	samiʿ	سمع
comprendre (vt)	fahim	فهم
montrer (vt)	ʿaraḍ	عرض
regarder (vt)	naẓar	نظر
appeler (vt)	nāda	نادى
distraire (déranger)	ʃaɣal	شغل
ennuyer (déranger)	azʿaʒ	أزعج
passer (~ le message)	sallam	سلّم
prière (f) (demande)	ṭalab (m)	طلب
demander (vt)	ṭalab	طلب
exigence (f)	maṭlab (m)	مطلب
exiger (vt)	ṭālib	طالب
taquiner (vt)	ɣāẓ	غاظ
se moquer (vp)	saχar	سخر
moquerie (f)	suχriyya (f)	سخريّة
surnom (m)	laqab (m)	لقب
allusion (f)	talmīḥ (m)	تلميح
faire allusion	lamaḥ	لمح
sous-entendre (vt)	qaṣad	قصد
description (f)	waṣf (m)	وصف
décrire (vt)	waṣaf	وصف
éloge (m)	madḥ (m)	مدح
louer (vt)	madaḥ	مدح
déception (f)	χaybat amal (f)	خيبة أمل
décevoir (vt)	χayyab	خيَّب
être déçu	χābat ʾāmāluh	خابت آماله
supposition (f)	iftirāḍ (m)	إفتراض
supposer (vt)	iftaraḍ	إفترض
avertissement (m)	taḥðīr (m)	تحذير
prévenir (vt)	ḥaððar	حذّر

64. Dialoguer et communiquer. Partie 3

convaincre (vt)	aqna'	أقنع
calmer (vt)	ṭam'an	طمأن
silence (m) (~ est d'or)	sukūt (m)	سكوت
rester silencieux	sakat	سكت
chuchoter (vi, vt)	hamas	همس
chuchotement (m)	hamsa (f)	همسة
sincèrement (adv)	bi ṣarāḥa	بصراحة
à mon avis ...	fi ra'yi ...	في رأيي...
détail (m) (d'une histoire)	tafṣīl (m)	تفصيل
détaillé (adj)	mufaṣṣal	مفصّل
en détail (adv)	bit tafāṣīl	بالتفاصيل
indice (m)	iʃāra (f), talmīḥ (m)	إشارة, تلميح
donner un indice	a'ṭa talmīḥ	أعطى تلميحاً
regard (m)	naẓra (f)	نظرة
jeter un coup d'oeil	alqa naẓra	ألقى نظرة
fixe (un regard ~)	θābit	ثابت
clignoter (vi)	ramaʃ	رمش
cligner de l'oeil	ɣamaz	غمز
hocher la tête	hazz ra'sah	هزّ رأسه
soupir (m)	tanahhuda (f)	تنهّدة
soupirer (vi)	tanahhad	تنهّد
tressaillir (vi)	irta'aʃ	إرتعش
geste (m)	iʃārat yad (f)	إشارة يد
toucher (de la main)	lamas	لمس
saisir (par le bras)	amsak	أمسك
taper (sur l'épaule)	ṣafaq	صفق
Attention!	χuð bālak!	خذ بالك!
Vraiment?	wallahi?	والله؟
Tu es sûr?	hal anta muta'akkid?	هل أنت متأكّد؟
Bonne chance!	bit tawfīq!	بالتوفيق!
Compris!	wāḍiḥ!	واضح!
Dommage!	ya lil asaf!	يا للأسف!

65. L'accord. Le refus

accord (m)	muwāfaqa (f)	موافقة
être d'accord	wāfa'	وافق
approbation (f)	istiḥsān (m)	إستحسان
approuver (vt)	istiḥsan	إستحسن
refus (m)	rafḍ (m)	رفض
se refuser (vp)	rafaḍ	رفض
Super!	'aẓīm!	إعظيم!
Bon!	ittafaqna!	إتّفقنا!

D'accord!	ittafaqna!	إتّفقنا!
interdit (adj)	mamnū'	ممنوع
c'est interdit	mamnū'	ممنوع
c'est impossible	mustaḥīl	مستحيل
incorrect (adj)	ɣalaṭ	غلط

décliner (vt)	rafaḍ	رفض
soutenir (vt)	ayyad	أيّد
accepter (condition, etc.)	qabil	قبل

confirmer (vt)	aθbat	أثبت
confirmation (f)	iθbāt (m)	إثبات
permission (f)	samāḥ (m)	سماح
permettre (vt)	samaḥ	سمح
décision (f)	qarār (m)	قرار
ne pas dire un mot	ṣamat	صمت

condition (f)	ʃarṭ (m)	شرط
excuse (f) (prétexte)	'uðr (m)	عذر
éloge (m)	madḥ (m)	مدح
louer (vt)	madaḥ	مدح

66. La réussite. La chance. L'échec

succès (m)	naʒāḥ (m)	نجاح
avec succès (adv)	bi naʒāḥ	بنجاح
réussi (adj)	nāʒiḥ	ناجح
chance (f)	ḥazz (m)	حظّ
Bonne chance!	bit tawfīq!	بالتوفيق!
de chance (jour ~)	murawaffiq	متوفّق
chanceux (adj)	maḥzūz	محظوظ

échec (m)	faʃl (m)	فشل
infortune (f)	sū' al ḥazz (m)	سوء الحظّ
malchance (f)	sū' al ḥazz (m)	سوء الحظّ
raté (adj)	fāʃil	فاشل
catastrophe (f)	kāriθa (f)	كارثة

fierté (f)	faxr (m)	فخر
fier (adj)	faxūr	فخور
être fier	iftaxar	إفتخر
gagnant (m)	fā'iz (m)	فائز
gagner (vi)	fāz	فاز
perdre (vi)	xasir	خسر
tentative (f)	muḥāwala (f)	محاولة
essayer (vt)	ḥāwal	حاول
chance (f)	furṣa (f)	فرصة

67. Les disputes. Les émotions négatives

| cri (m) | ṣarxa (f) | صرخة |
| crier (vi) | ṣarax | صرخ |

se mettre à crier	ṣaraχ	صرخ
dispute (f)	muʃāӡara (f)	مشاجرة
se disputer (vp)	taʃāӡar	تشاجر
scandale (m) (dispute)	muʃāӡara (f)	مشاجرة
faire un scandale	taʃāӡar	تشاجر
conflit (m)	χilāf (m)	خلاف
malentendu (m)	sū'at tafāhum (m)	سوء التفاهم
insulte (f)	ihāna (f)	إهانة
insulter (vt)	ahān	أهان
insulté (adj)	muhān	مهان
offense (f)	ḍaym (m)	ضيم
offenser (vt)	asā'	أساء
s'offenser (vp)	istā'	إستاء
indignation (f)	istiyā' (m)	إستياء
s'indigner (vp)	istā'	إستاء
plainte (f)	ʃakwa (f)	شكوى
se plaindre (vp)	ʃaka	شكا
excuse (f)	i'tiðār (m)	إعتذار
s'excuser (vp)	i'taðar	إعتذر
demander pardon	i'taðar	إعتذر
critique (f)	naqd (m)	نقد
critiquer (vt)	naqad	نقد
accusation (f)	ittihām (m)	إتّهام
accuser (vt)	ittaham	إتّهم
vengeance (f)	intiqām (m)	إنتقام
se venger (vp)	intaqam	إنتقم
faire payer (qn)	radd	ردّ
mépris (m)	iḥtiqār (m)	إحتقار
mépriser (vt)	iḥtaqar	إحتقر
haine (f)	karāha (f)	كراهة
haïr (vt)	karah	كره
nerveux (adj)	'aṣabiy	عصبيّ
s'énerver (vp)	qalaq	قلق
fâché (adj)	za'lān	زعلان
fâcher (vt)	az'al	أزعل
humiliation (f)	iðlāl (m)	إذلال
humilier (vt)	ðallal	ذلّل
s'humilier (vp)	taðallal	تذلّل
choc (m)	ṣadma (f)	صدمة
choquer (vt)	ṣadam	صدم
ennui (m) (problème)	muʃkila (f)	مشكلة
désagréable (adj)	karīh	كريه
peur (f)	χawf (m)	خوف
terrible (tempête, etc.)	ʃadīd	شديد
effrayant (histoire ~e)	muχīf	مخيف

horreur (f)	ru'b (m)	رعب
horrible (adj)	mur'ib	مرعب
commencer à trembler	irta'aʃ	إرتعش
pleurer (vi)	baka	بكى
se mettre à pleurer	baka	بكى
larme (f)	dama'a (f)	دمعة
faute (f)	ɣalṭa (f)	غلطة
culpabilité (f)	ðamb (m)	ذنب
déshonneur (m)	'ār (m)	عار
protestation (f)	iḥtiʒāʒ (m)	إحتجاج
stress (m)	tawattur (m)	توتّر
déranger (vt)	az'aʒ	أزعج
être furieux	ɣaḍib	غضب
en colère, fâché (adj)	ɣaḍbān	غضبان
rompre (relations)	anha	أنهى
réprimander (vt)	ʃātam	شاتم
prendre peur	χāf	خاف
frapper (vt)	ḍarab	ضرب
se battre (vp)	ta'ārak	تعارك
régler (~ un conflit)	sawwa	سوّى
mécontent (adj)	ɣayr rāḍi	غير راض
enragé (adj)	'anīf	عنيف
Ce n'est pas bien!	laysa haða amr ʒayyid!	ليس هذا أمرًا جيّدًا!
C'est mal!	haða amr sayyi'!	هذا أمر سيّء!

La médecine

68. Les maladies

maladie (f)	maraḍ (m)	مرض
être malade	maraḍ	مرض
santé (f)	ṣiḥḥa (f)	صحّة
rhume (m) (coryza)	zukām (m)	زكام
angine (f)	iltihāb al lawzatayn (m)	التهاب اللوزتين
refroidissement (m)	bard (m)	برد
prendre froid	aṣābahu al bard	أصابه البرد
bronchite (f)	iltihāb al qaṣabāt (m)	إلتهاب القصبات
pneumonie (f)	iltihāb ar ri'atayn (m)	إلتهاب الرئتين
grippe (f)	inflūnza (f)	إنفلونزا
myope (adj)	qaṣīr an naẓar	قصير النظر
presbyte (adj)	ba'īd an naẓar	بعيد النظر
strabisme (m)	ḥawal (m)	حول
strabique (adj)	aḥwal	أحول
cataracte (f)	katarakt (f)	كاتاراكت
glaucome (m)	glawkūma (f)	جلوكوما
insulte (f)	sakta (f)	سكتة
crise (f) cardiaque	iḥtiʃā' (m)	إحتشاء
infarctus (m) de myocarde	nawba qalbiya (f)	نوبة قلبية
paralysie (f)	ʃalal (m)	شلل
paralyser (vt)	ʃall	شلّ
allergie (f)	ḥassāsiyya (f)	حسّاسيّة
asthme (m)	rabw (m)	ربو
diabète (m)	ad dā' as sukkariy (m)	الداء السكّريّ
mal (m) de dents	alam al asnān (m)	ألم الأسنان
carie (f)	naxar al asnān (m)	نخر الأسنان
diarrhée (f)	ishāl (m)	إسهال
constipation (f)	imsāk (m)	إمساك
estomac (m) barbouillé	'usr al haḍm (m)	عسر الهضم
intoxication (f) alimentaire	tasammum (m)	تسمّم
être intoxiqué	tasammam	تسمّم
arthrite (f)	iltihāb al mafāṣil (m)	إلتهاب المفاصل
rachitisme (m)	kusāḥ al aṭfāl (m)	كساح الأطفال
rhumatisme (m)	riumatizm (m)	روماتزم
athérosclérose (f)	taṣṣallub aʃ ʃarayīn (m)	تصلّب الشرايين
gastrite (f)	iltihāb al ma'ida (m)	إلتهاب المعدة
appendicite (f)	iltihāb az zā'ida ad dūdiyya (m)	إلتهاب الزائدة الدوديّة

cholécystite (f)	iltihāb al marāra (m)	إلتهاب المرارة
ulcère (m)	qurḥa (f)	قرحة
rougeole (f)	maraḍ al ḥaṣba (m)	مرض الحصبة
rubéole (f)	ḥaṣba almāniyya (f)	حصبة ألمانية
jaunisse (f)	yaraqān (m)	يرقان
hépatite (f)	iltihāb al kabd al vayrūsiy (m)	إلتهاب الكبد الفيروسيّ
schizophrénie (f)	ʃizufrīniya (f)	شيزوفرينيا
rage (f) (hydrophobie)	dāʾ al kalb (m)	داء الكلب
névrose (f)	ʿiṣāb (m)	عصاب
commotion (f) cérébrale	irtiʒāʒ al muxx (m)	إرتجاج المخ
cancer (m)	saraṭān (m)	سرطان
sclérose (f)	taṣṣallub (m)	تصلب
sclérose (f) en plaques	taṣṣallub mutaʿaddid (m)	تصلب متعدد
alcoolisme (m)	idmān al xamr (m)	إدمان الخمر
alcoolique (m)	mudmin al xamr (m)	مدمن الخمر
syphilis (f)	sifilis az zuhariy (m)	سفلس الزهري
SIDA (m)	al aydz (m)	الايدز
tumeur (f)	waram (m)	ورم
maligne (adj)	xabīθ	خبيث
bénigne (adj)	ḥamīd (m)	حميد
fièvre (f)	ḥumma (f)	حمّى
malaria (f)	malāriya (f)	ملاريا
gangrène (f)	ɣanɣrīna (f)	غنغرينا
mal (m) de mer	duwār al baḥr (m)	دوار البحر
épilepsie (f)	maraḍ aṣ ṣarʿ (m)	مرض الصرع
épidémie (f)	wabāʾ (m)	وباء
typhus (m)	tīfus (m)	تيفوس
tuberculose (f)	maraḍ as sull (m)	مرض السلّ
choléra (m)	kulīra (f)	كوليرا
peste (f)	ṭāʿūn (m)	طاعون

69. Les symptômes. Le traitement. Partie 1

symptôme (m)	ʿaraḍ (m)	عرض
température (f)	ḥarāra (f)	حرارة
fièvre (f)	ḥumma (f)	حمّى
pouls (m)	nabḍ (m)	نبض
vertige (m)	dawxa (f)	دوخة
chaud (adj)	ḥārr	حارّ
frisson (m)	nafaḍān (m)	نفضان
pâle (adj)	aṣfar	أصفر
toux (f)	suʿāl (m)	سعال
tousser (vi)	saʿal	سعل
éternuer (vi)	ʿaṭas	عطس
évanouissement (m)	iɣmāʾ (m)	إغماء

s'évanouir (vp)	ɣumiya 'alayh	غمي عليه
bleu (m)	kadma (f)	كدمة
bosse (f)	tawarrum (m)	تورّم
se heurter (vp)	iṣṭadam	إصطدم
meurtrissure (f)	raḍḍ (m)	رضّ
se faire mal	taraḍḍaḍ	ترضّض
boiter (vi)	'araʒ	عرج
foulure (f)	χal' (m)	خلع
se démettre (l'épaule, etc.)	χala'	خلع
fracture (f)	kasr (m)	كسر
avoir une fracture	inkasar	إنكسر
coupure (f)	ʒurḥ (m)	جرح
se couper (~ le doigt)	ʒaraḥ nafsah	جرح نفسه
hémorragie (f)	nazf (m)	نزف
brûlure (f)	ḥarq (m)	حرق
se brûler (vp)	taʃayyat	تشيّط
se piquer (le doigt)	waχaz	وخز
se piquer (vp)	waχaz nafsah	وخز نفسه
blesser (vt)	aṣāb	أصاب
blessure (f)	iṣāba (f)	إصابة
plaie (f) (blessure)	ʒurḥ (m)	جرح
trauma (m)	ṣadma (f)	صدمة
délirer (vi)	haða	هذى
bégayer (vi)	tala'sam	تلعثم
insolation (f)	ḍarbat ʃams (f)	ضربة شمس

70. Les symptômes. Le traitement. Partie 2

douleur (f)	alam (m)	ألم
écharde (f)	ʃaẓiyya (f)	شظية
sueur (f)	'irq (m)	عرق
suer (vi)	'ariq	عرق
vomissement (m)	taqayyu' (m)	تقيؤ
spasmes (m pl)	taʃannuʒāt (pl)	تشنّجات
enceinte (adj)	ḥāmil	حامل
naître (vi)	wulid	وُلد
accouchement (m)	wilāda (f)	ولادة
accoucher (vi)	walad	ولد
avortement (m)	iʒhāḍ (m)	إجهاض
respiration (f)	tanaffus (m)	تنفّس
inhalation (f)	istinʃāq (m)	إستنشاق
expiration (f)	zafir (m)	زفير
expirer (vi)	zafar	زفر
inspirer (vi)	istanʃaq	إستنشق
invalide (m)	mu'āq (m)	معاق
handicapé (m)	muq'ad (m)	مقعد

drogué (m)	mudmin muxaddirāt (m)	مدمن مخدّرات
sourd (adj)	aṭraʃ	أطرش
muet (adj)	axras	أخرس
sourd-muet (adj)	aṭraʃ axras	أطرش أخرس
fou (adj)	maʒnūn (m)	مجنون
fou (m)	maʒnūn (m)	مجنون
folle (f)	maʒnūna (f)	مجنونة
devenir fou	ʒunn	جُن
gène (m)	ʒīn (m)	جين
immunité (f)	manā'a (f)	مناعة
héréditaire (adj)	wirāθiy	وراثي
congénital (adj)	xilqiy munð al wilāda	خلقيّ منذ الولادة
virus (m)	virūs (m)	فيروس
microbe (m)	mikrūb (m)	ميكروب
bactérie (f)	ʒurθūma (f)	جرثومة
infection (f)	'adwa (f)	عدوى

71. Les symptômes. Le traitement. Partie 3

hôpital (m)	mustaʃfa (m)	مستشفى
patient (m)	marīḍ (m)	مريض
diagnostic (m)	taʃxīṣ (m)	تشخيص
cure (f) (faire une ~)	'ilāʒ (m)	علاج
traitement (m)	'ilāʒ (m)	علاج
se faire soigner	ta'ālaʒ	تعالج
traiter (un patient)	'ālaʒ	عالج
soigner (un malade)	marraḍ	مرّض
soins (m pl)	'ināya (f)	عناية
opération (f)	'amaliyya ʒaraḥiyya (f)	عمليّة جرحيّة
panser (vt)	ḍammad	ضمّد
pansement (m)	taḍmīd (m)	تضميد
vaccination (f)	talqīḥ (m)	تلقيح
vacciner (vt)	laqqaḥ	لقّح
piqûre (f)	ḥuqna (f)	حقنة
faire une piqûre	ḥaqan ibra	حقن إبرة
crise, attaque (f)	nawba (f)	نوبة
amputation (f)	batr (m)	بتر
amputer (vt)	batar	بتر
coma (m)	ɣaybūba (f)	غبوبة
être dans le coma	kān fi ḥālat ɣaybūba	كان في حالة غبوبة
réanimation (f)	al 'ināya al murakkaza (f)	العناية المركّزة
se rétablir (vp)	ʃufiy	شفي
état (m) (de santé)	ḥāla (f)	حالة
conscience (f)	wa'y (m)	وعي
mémoire (f)	ðākira (f)	ذاكرة
arracher (une dent)	xala'	خلع

plombage (m)	ḥaʃw (m)	حشو
plomber (vt)	ḥaʃa	حشا

hypnose (f)	at tanwīm al maɣnaṭīsiy (m)	التنويم المغناطيسيّ
hypnotiser (vt)	nawwam	نوّم

72. Les médecins

médecin (m)	ṭabīb (m)	طبيب
infirmière (f)	mumarriḍa (f)	ممرّضة
médecin (m) personnel	duktūr ʃaχṣiy (m)	دكتور شخصيّ
dentiste (m)	ṭabīb al asnān (m)	طبيب الأسنان
ophtalmologiste (m)	ṭabīb al ʿuyūn (m)	طبيب العيون
généraliste (m)	ṭabīb bāṭiniy (m)	طبيب باطنيّ
chirurgien (m)	ӡarrāḥ (m)	جرّاح
psychiatre (m)	ṭabīb nafsiy (m)	طبيب نفسيّ
pédiatre (m)	ṭabīb al aṭfāl (m)	طبيب الأطفال
psychologue (m)	sikulūӡiy (m)	سيكولوجي
gynécologue (m)	ṭabīb an nisā' (m)	طبيب النساء
cardiologue (m)	ṭabīb al qalb (m)	طبيب القلب

73. Les médicaments. Les accessoires

médicament (m)	dawā' (m)	دواء
remède (m)	ʿilāӡ (m)	علاج
prescrire (vt)	waṣaf	وصف
ordonnance (f)	waṣfa (f)	وصفة
comprimé (m)	qurṣ (m)	قرص
onguent (m)	marham (m)	مرهم
ampoule (f)	ambūla (f)	أمبولة
mixture (f)	dawā' ʃarāb (m)	دواء شراب
sirop (m)	ʃarāb (m)	شراب
pilule (f)	ḥabba (f)	حبّة
poudre (f)	ðarūr (m)	ذرور
bande (f)	ḍammāda (f)	ضمادة
coton (m) (ouate)	quṭn (m)	قطن
iode (m)	yūd (m)	يود
sparadrap (m)	blāstir (m)	بلاستر
compte-gouttes (m)	māṣṣat al bastara (f)	ماصّة البسترة
thermomètre (m)	tirmūmitr (m)	ترمومتر
seringue (f)	miḥqana (f)	محقنة
fauteuil (m) roulant	kursiy mutaḥarrik (m)	كرسي متحرّك
béquilles (f pl)	ʿukkāzān (du)	عكّازان
anesthésique (m)	musakkin (m)	مسكّن
purgatif (m)	mulayyin (m)	ملّين

alcool (m)	iθanūl (m)	إيثانول
herbe (f) médicinale	a'ʃāb ṭibbiyya (pl)	أعشاب طبية
d'herbes (adj)	'uʃbiy	عشبيّ

74. Le tabac et ses produits dérivés

tabac (m)	tabɣ (m)	تبغ
cigarette (f)	sīɡāra (f)	سيجارة
cigare (f)	sīɡār (m)	سيجار
pipe (f)	ɣalyūn (m)	غليون
paquet (m)	'ulba (f)	علبة

allumettes (f pl)	kibrīt (m)	كبريت
boîte (f) d'allumettes	'ulbat kibrīt (f)	علبة كبريت
briquet (m)	wallā'a (f)	ولّاعة
cendrier (m)	ṭaqṭūqa (f)	طقطوقة
étui (m) à cigarettes	'ulbat saɡā'ir (f)	علبة سجائر

| fume-cigarette (m) | ḥamilat siɡāra (f) | حاملة سيجارة |
| filtre (m) | filtir (m) | فلتر |

fumer (vi, vt)	daxxan	دخّن
allumer une cigarette	aʃal siɡāra	أشعل سيجارة
tabagisme (m)	tadxīn (m)	تدخين
fumeur (m)	mudaxxin (m)	مدخّن

mégot (m)	'uqb siɡāra (m)	عقب سيجارة
fumée (f)	duxān (m)	دخان
cendre (f)	ramād (m)	رماد

L'HABITAT HUMAIN

La ville

75. La ville. La vie urbaine

ville (f)	madīna (f)	مدينة
capitale (f)	ʿāṣima (f)	عاصمة
village (m)	qarya (f)	قرية
plan (m) de la ville	xarīṭat al madīna (f)	خريطة المدينة
centre-ville (m)	markaz al madīna (m)	مركز المدينة
banlieue (f)	ḍāḥiya (f)	ضاحية
de banlieue (adj)	aḍ ḍawāḥi	الضواحي
périphérie (f)	aṭrāf al madīna (pl)	أطراف المدينة
alentours (m pl)	ḍawāḥi al madīna (pl)	ضواحي المدينة
quartier (m)	ḥayy (m)	حي
quartier (m) résidentiel	ḥayy sakaniy (m)	حي سكني
trafic (m)	ḥarakat al murūr (f)	حركة المرور
feux (m pl) de circulation	iʃārāt al murūr (pl)	إشارات المرور
transport (m) urbain	wasāʾil an naql (pl)	وسائل النقل
carrefour (m)	taqāṭuʿ (m)	تقاطع
passage (m) piéton	maʿbar al muʃāt (m)	معبر المشاة
passage (m) souterrain	nafaq muʃāt (m)	نفق مشاة
traverser (vt)	ʿabar	عبر
piéton (m)	māʃi (m)	ماش
trottoir (m)	raṣīf (m)	رصيف
pont (m)	ʒisr (m)	جسر
quai (m)	kurnīʃ (m)	كورنيش
fontaine (f)	nāfūra (f)	نافورة
allée (f)	mamʃa (m)	ممشى
parc (m)	ḥadīqa (f)	حديقة
boulevard (m)	bulvār (m)	بولفار
place (f)	maydān (m)	ميدان
avenue (f)	ʃāriʿ (m)	شارع
rue (f)	ʃāriʿ (m)	شارع
ruelle (f)	zuqāq (m)	زقاق
impasse (f)	ṭarīq masdūd (m)	طريق مسدود
maison (f)	bayt (m)	بيت
édifice (m)	mabna (m)	مبنى
gratte-ciel (m)	nāṭiḥat saḥāb (f)	ناطحة سحاب
façade (f)	wāʒiha (f)	واجهة
toit (m)	saqf (m)	سقف

fenêtre (f)	ʃubbāk (m)	شبّاك
arc (m)	qaws (m)	قوس
colonne (f)	ʿamūd (m)	عمود
coin (m)	zāwiya (f)	زاوية

vitrine (f)	vatrīna (f)	فترينة
enseigne (f)	lāfita (f)	لافتة
affiche (f)	mulṣaq (m)	ملصق
affiche (f) publicitaire	mulṣaq iʿlāniy (m)	ملصق إعلاني
panneau-réclame (m)	lawḥat iʿlānāt (f)	لوحة إعلانات

ordures (f pl)	zubāla (f)	زبالة
poubelle (f)	ṣundūq zubāla (m)	صندوق زبالة
jeter à terre	rama zubāla	رمى زبالة
décharge (f)	mazbala (f)	مزبلة

cabine (f) téléphonique	kuʃk tilifūn (m)	كشك تليفون
réverbère (m)	ʿamūd al miṣbāḥ (m)	عمود المصباح
banc (m)	dikka (f), kursiy (m)	دكّة، كرسي

policier (m)	ʃurṭiy (m)	شرطيّ
police (f)	ʃurṭa (f)	شرطة
clochard (m)	ʃaḥḥāð (m)	شحّاذ
sans-abri (m)	mutaʃarrid (m)	متشرّد

76. Les institutions urbaines

magasin (m)	maḥall (m)	محلّ
pharmacie (f)	ṣaydaliyya (f)	صيدليّة
opticien (m)	al adawāt al baṣariyya (pl)	الأدوات البصريّة
centre (m) commercial	markaz tiʒāriy (m)	مركز تجاري
supermarché (m)	subirmarkit (m)	سوبرماركت

boulangerie (f)	maxbaz (m)	مخبز
boulanger (m)	xabbāz (m)	خبّاز
pâtisserie (f)	dukkān ḥalawāniy (m)	دكّان حلواني
épicerie (f)	baqqāla (f)	بقّالة
boucherie (f)	malḥama (f)	ملحمة

| magasin (m) de légumes | dukkān xuḍār (m) | دكّان خضار |
| marché (m) | sūq (f) | سوق |

salon (m) de café	kafé (m), maqha (m)	كافيه، مقهى
restaurant (m)	maṭʿam (m)	مطعم
brasserie (f)	ḥāna (f)	حانة
pizzeria (f)	maṭʿam pizza (m)	مطعم بيتزا

salon (m) de coiffure	ṣālūn ḥilāqa (m)	صالون حلاقة
poste (f)	maktab al barīd (m)	مكتب البريد
pressing (m)	tanẓīf ʒāff (m)	تنظيف جافّ
atelier (m) de photo	istūdiyu taṣwīr (m)	إستوديو تصوير

| magasin (m) de chaussures | maḥall aḥðiya (m) | محلّ أحذية |
| librairie (f) | maḥall kutub (m) | محلّ كتب |

magasin (m) d'articles de sport	maḥall riyāḍiy (m)	محلّ رياضيّ
atelier (m) de retouche	maḥall xiyāṭat malābis (m)	محلّ خياطة ملابس
location (f) de vêtements	maḥall ta'ʒīr malābis rasmiyya (m)	محلّ تأجير ملابس رسمية
location (f) de films	maḥal ta'ʒīr vidiyu (m)	محلّ تأجير فيديو
cirque (m)	sirk (m)	سيرك
zoo (m)	ḥadīqat al ḥayawān (f)	حديقة حيوان
cinéma (m)	sinima (f)	سينما
musée (m)	matḥaf (m)	متحف
bibliothèque (f)	maktaba (f)	مكتبة
théâtre (m)	masraḥ (m)	مسرح
opéra (m)	ubra (f)	أوبرا
boîte (f) de nuit	malha layliy (m)	ملهى ليليّ
casino (m)	kazinu (m)	كازينو
mosquée (f)	masʒid (m)	مسجد
synagogue (f)	kanīs ma'bad yahūdiy (m)	كنيس معبد يهوديّ
cathédrale (f)	katidrā'iyya (f)	كاتدرائيّة
temple (m)	ma'bad (m)	معبد
église (f)	kanīsa (f)	كنيسة
institut (m)	kulliyya (m)	كلّيّة
université (f)	ʒāmi'a (f)	جامعة
école (f)	madrasa (f)	مدرسة
préfecture (f)	muqāṭa'a (f)	مقاطعة
mairie (f)	baladiyya (f)	بلديّة
hôtel (m)	funduq (m)	فندق
banque (f)	bank (m)	بنك
ambassade (f)	safāra (f)	سفارة
agence (f) de voyages	ʃarikat siyāḥa (f)	شركة سياحة
bureau (m) d'information	maktab al isti'lāmāt (m)	مكتب الإستعلامات
bureau (m) de change	ṣarrāfa (f)	صرّافة
métro (m)	mitru (m)	مترو
hôpital (m)	mustaʃfa (m)	مستشفى
station-service (f)	maḥaṭṭat banzīn (f)	محطّة بنزين
parking (m)	mawqif as sayyārāt (m)	موقف السيّارات

77. Les transports en commun

autobus (m)	bāṣ (m)	باص
tramway (m)	trām (m)	ترام
trolleybus (m)	truli bāṣ (m)	ترولي باص
itinéraire (m)	xaṭṭ (m)	خطّ
numéro (m)	raqm (m)	رقم
prendre ...	rakib ...	ركب...
monter (dans l'autobus)	rakib	ركب
descendre de ...	nazil min	نزل من

arrêt (m)	mawqif (m)	موقف
arrêt (m) prochain	al maḥaṭṭa al qādima (f)	المحطّة القادمة
terminus (m)	āxir maḥaṭṭa (f)	آخر محطّة
horaire (m)	ʒadwal (m)	جدول
attendre (vt)	intaẓar	إنتظر
ticket (m)	taðkira (f)	تذكرة
prix (m) du ticket	uʒra (f)	أجرة
caissier (m)	ṣarrāf (m)	صرّاف
contrôle (m) des tickets	taftīʃ taðkira (m)	تفتيش تذكرة
contrôleur (m)	mufattiʃ taðākir (m)	مفتّش تذاكر
être en retard	ta'axxar	تأخّر
rater (~ le train)	ta'axxar	تأخّر
se dépêcher	ista'ʒal	إستعجل
taxi (m)	taksi (m)	تاكسي
chauffeur (m) de taxi	sā'iq taksi (m)	سائق تاكسي
en taxi	bit taksi	بالتاكسي
arrêt (m) de taxi	mawqif taksi (m)	موقف تاكسي
appeler un taxi	kallam tāksi	كلّم تاكسي
prendre un taxi	axað taksi	أخذ تاكسي
trafic (m)	ḥarakat al murūr (f)	حركة المرور
embouteillage (m)	zaḥmat al murūr (f)	زحمة المرور
heures (f pl) de pointe	sā'at að ðurwa (f)	ساعة الذروة
se garer (vp)	awqaf	أوقف
garer (vt)	awqaf	أوقف
parking (m)	mawqif as sayyārāt (m)	موقف السيارات
métro (m)	mitru (m)	مترو
station (f)	maḥaṭṭa (f)	محطّة
prendre le métro	rakib al mitru	ركب المترو
train (m)	qiṭār (m)	قطار
gare (f)	maḥaṭṭat qiṭār (f)	محطّة قطار

78. Le tourisme

monument (m)	timθāl (m)	تمثال
forteresse (f)	qal'a (f), ḥiṣn (m)	قلعة، حصن
palais (m)	qaṣr (m)	قصر
château (m)	qal'a (f)	قلعة
tour (f)	burʒ (m)	برج
mausolée (m)	ḍarīḥ (m)	ضريح
architecture (f)	handasa mi'māriyya (f)	هندسة معماريّة
médiéval (adj)	min al qurūn al wusṭa	من القرون الوسطى
ancien (adj)	qadīm	قديم
national (adj)	waṭaniy	وطنيّ
connu (adj)	maʃhūr	مشهور
touriste (m)	sā'iḥ (m)	سائح
guide (m) (personne)	murʃid (m)	مرشد

excursion (f)	ʒawla (f)	جولة
montrer (vt)	ʿaraḍ	عرض
raconter (une histoire)	ḥaddaθ	حدّث
trouver (vt)	waʒad	وجد
se perdre (vp)	ḍāʿ	ضاع
plan (m) (du metro, etc.)	xarīṭa (f)	خريطة
carte (f) (de la ville, etc.)	xarīṭa (f)	خريطة
souvenir (m)	tiðkār (m)	تذكار
boutique (f) de souvenirs	maḥall hadāya (m)	محلّ هدايا
prendre en photo	ṣawwar	صوّر
se faire prendre en photo	taṣawwar	تصوّر

79. Le shopping

acheter (vt)	iʃtara	إشترى
achat (m)	ʃay' (m)	شيء
faire des achats	iʃtara	إشترى
shopping (m)	ʃubinɣ (m)	شوبينغ
être ouvert	maftūḥ	مفتوح
être fermé	muɣlaq	مغلق
chaussures (f pl)	aḥðiya (pl)	أحذية
vêtement (m)	malābis (pl)	ملابس
produits (m pl) de beauté	mawādd at taʒmīl (pl)	موادّ التجميل
produits (m pl) alimentaires	ma'kūlāt (pl)	مأكولات
cadeau (m)	hadiyya (f)	هديّة
vendeur (m)	bā'iʿ (m)	بائع
vendeuse (f)	bā'iʿa (f)	بائعة
caisse (f)	ṣundū' ad dafʿ (m)	صندوق الدفع
miroir (m)	mir'āt (f)	مرآة
comptoir (m)	minḍada (f)	منضدة
cabine (f) d'essayage	ɣurfat al qiyās (f)	غرفة القياس
essayer (robe, etc.)	ʒarrab	جرّب
aller bien (robe, etc.)	nāsab	ناسب
plaire (être apprécié)	aʿʒab	أعجب
prix (m)	siʿr (m)	سعر
étiquette (f) de prix	tikit as siʿr (m)	تيكت السعر
coûter (vt)	kallaf	كلّف
Combien?	bikam?	بكم؟
rabais (m)	xaṣm (m)	خصم
pas cher (adj)	ɣayr ɣāli	غير غال
bon marché (adj)	raxīṣ	رخيص
cher (adj)	ɣāli	غال
C'est cher	haða ɣāli	هذا غال
location (f)	isti'ʒār (m)	إستئجار
louer (une voiture, etc.)	ista'ʒar	إستأجر

| crédit (m) | i'timān (m) | إئتمان |
| à crédit (adv) | bid dayn | بالدين |

80. L'argent

argent (m)	nuqūd (pl)	نقود
échange (m)	taḥwīl 'umla (m)	تحويل عملة
cours (m) de change	si'r aṣ ṣarf (m)	سعر الصرف
distributeur (m)	ṣarrāf 'āliy (m)	صرّاف آليّ
monnaie (f)	qiṭ'a naqdiyya (f)	قطعة نقديّة

| dollar (m) | dulār (m) | دولار |
| euro (m) | yuru (m) | يورو |

lire (f)	lira iṭāliyya (f)	ليرة إيطالية
mark (m) allemand	mark almāniy (m)	مارك ألماني
franc (m)	frank (m)	فرنك
livre sterling (f)	ʒunayh istirlīniy (m)	جنيه استرلينيّ
yen (m)	yīn (m)	ين

dette (f)	dayn (m)	دين
débiteur (m)	mudīn (m)	مدين
prêter (vt)	sallaf	سلّف
emprunter (vt)	istalaf	إستلف

banque (f)	bank (m)	بنك
compte (m)	ḥisāb (m)	حساب
verser (dans le compte)	awda'	أودع
verser dans le compte	awda' fil ḥisāb	أودع في الحساب
retirer du compte	sahab min al ḥisāb	سحب من الحساب

carte (f) de crédit	biṭāqat i'timān (f)	بطاقة إئتمان
espèces (f pl)	nuqūd (pl)	نقود
chèque (m)	ʃīk (m)	شيك
faire un chèque	katab ʃīk	كتب شيكًا
chéquier (m)	daftar ʃikāt (m)	دفتر شيكات

portefeuille (m)	maḥfaẓat ʒīb (f)	محفظة جيب
bourse (f)	maḥfaẓat fakka (f)	محفظة فكّة
coffre fort (m)	χizāna (f)	خزانة

héritier (m)	wāris (m)	وارث
héritage (m)	wirāθa (f)	وراثة
fortune (f)	θarwa (f)	ثروة

location (f)	'īʒār (m)	إيجار
loyer (m) (argent)	uʒrat as sakan (f)	أجرة السكن
louer (prendre en location)	ista'ʒar	إستأجر

prix (m)	si'r (m)	سعر
coût (m)	θaman (m)	ثمن
somme (f)	mablaγ (m)	مبلغ
dépenser (vt)	ṣaraf	صرف
dépenses (f pl)	maṣārīf (pl)	مصاريف

économiser (vt)	waffar	وفّر
économe (adj)	muwaffir	موفّر
payer (régler)	dafaʿ	دفع
paiement (m)	dafʿ (m)	دفع
monnaie (f) (rendre la ~)	al bāqi (m)	الباقي
impôt (m)	ḍarība (f)	ضريبة
amende (f)	ɣarāma (f)	غرامة
mettre une amende	faraḍ ɣarāma	فرض غرامة

81. La poste. Les services postaux

poste (f)	maktab al barīd (m)	مكتب البريد
courrier (m) (lettres, etc.)	al barīd (m)	البريد
facteur (m)	sāʿi al barīd (m)	ساعي البريد
heures (f pl) d'ouverture	awqāt al ʿamal (pl)	أوقات العمل
lettre (f)	risāla (f)	رسالة
recommandé (m)	risāla musaʒʒala (f)	رسالة مسجّلة
carte (f) postale	biṭāqa barīdiyya (f)	بطاقة بريديّة
télégramme (m)	barqiyya (f)	برقيّة
colis (m)	ṭard (m)	طرد
mandat (m) postal	ḥawāla māliyya (f)	حوالة ماليّة
recevoir (vt)	istalam	إستلم
envoyer (vt)	arsal	أرسل
envoi (m)	irsāl (m)	إرسال
adresse (f)	ʿunwān (m)	عنوان
code (m) postal	raqm al barīd (m)	رقم البريد
expéditeur (m)	mursil (m)	مرسل
destinataire (m)	mursal ilayh (m)	مرسل إليه
prénom (m)	ism (m)	إسم
nom (m) de famille	ism al ʿāʾila (m)	إسم العائلة
tarif (m)	taʿrīfa (f)	تعريفة
normal (adj)	ʿādiy	عاديّ
économique (adj)	muwaffir	موفّر
poids (m)	wazn (m)	وزن
peser (~ les lettres)	wazan	وزن
enveloppe (f)	ẓarf (m)	ظرف
timbre (m)	ṭābiʿ (m)	طابع
timbrer (vt)	alṣaq ṭābiʿ	ألصق طابعا

Le logement. La maison. Le foyer

82. La maison. Le logis

Français	Translittération	العربية
maison (f)	bayt (m)	بيت
chez soi	fil bayt	في البيت
cour (f)	finā' (m)	فناء
clôture (f)	sūr (m)	سور
brique (f)	ṭūb (m)	طوب
en brique (adj)	min aṭ ṭūb	من الطوب
pierre (f)	ḥaʒar (m)	حجر
en pierre (adj)	ḥaʒariy	حجريّ
béton (m)	xarasāna (f)	خرسانة
en béton (adj)	xarasāniy	خرسانيّ
neuf (adj)	ʒadīd	جديد
vieux (adj)	qadīm	قديم
délabré (adj)	'āyil lis suqūṭ	آيل للسقوط
moderne (adj)	mu'āṣir	معاصر
à plusieurs étages	muta'addid aṭ ṭawābiq	متعدّد الطوابق
haut (adj)	'āli	عال
étage (m)	ṭābiq (m)	طابق
sans étage (adj)	ðu ṭābiq wāḥid	ذو طابق واحد
rez-de-chaussée (m)	ṭābiq sufliy (m)	طابق سفليّ
dernier étage (m)	ṭābiq 'ulwiy (m)	طابق علويّ
toit (m)	saqf (m)	سقف
cheminée (f)	madxana (f)	مدخنة
tuile (f)	qirmīd (m)	قرميد
en tuiles (adj)	min al qirmīd	من القرميد
grenier (m)	'ullayya (f)	علّية
fenêtre (f)	ʃubbāk (m)	شبّاك
vitre (f)	zuʒāʒ (m)	زجاج
rebord (m)	raff ʃubbāk (f)	رف شبّاك
volets (m pl)	darf ʃubbāk (m)	درف شبّاك
mur (m)	ḥā'iṭ (m)	حائط
balcon (m)	ʃurfa (f)	شرفة
gouttière (f)	masūrat at taṣrīf (f)	ماسورة التصريف
en haut (à l'étage)	fawq	فوق
monter (vi)	ṣa'ad	صعد
descendre (vi)	nazil	نزل
déménager (vi)	intaqal	إنتقل

83. La maison. L'entrée. L'ascenseur

entrée (f)	madχal (m)	مدخل
escalier (m)	sullam (m)	سلّم
marches (f pl)	daraʒāt (pl)	درجات
rampe (f)	drabizīn (m)	درابزين
hall (m)	ṣāla (f)	صالة
boîte (f) à lettres	ṣundūq al barīd (m)	صندوق البريد
poubelle (f) d'extérieur	ṣundūq az zubāla (m)	صندوق الزبالة
vide-ordures (m)	manfað að ðubāla (m)	منفذ الزبالة
ascenseur (m)	miṣ'ad (m)	مصعد
monte-charge (m)	miṣ'ad aʃ ʃaḥn (m)	مصعد الشحن
cabine (f)	kabīna (f)	كابينة
prendre l'ascenseur	rakib al miṣ'ad	ركب المصعد
appartement (m)	ʃaqqa (f)	شقّة
locataires (m pl)	sukkān al 'imāra (pl)	سكّان العمارة
voisin (m)	ʒār (m)	جار
voisine (f)	ʒāra (f)	جارة
voisins (m pl)	ʒirān (pl)	جيران

84. La maison. La porte. La serrure

porte (f)	bāb (m)	باب
portail (m)	bawwāba (f)	بوّابة
poignée (f)	qabḍat al bāb (f)	قبضة الباب
déverrouiller (vt)	fataḥ	فتح
ouvrir (vt)	fataḥ	فتح
fermer (vt)	aɣlaq	أغلق
clé (f)	miftāḥ (m)	مفتاح
trousseau (m), jeu (m)	rabṭa (f)	ربطة
grincer (la porte)	ṣarr	صرّ
grincement (m)	ṣarīr (m)	صرير
gond (m)	mufaṣṣala (f)	مفصّلة
paillasson (m)	siʒāda (f)	سجادة
serrure (f)	qifl al bāb (m)	قفل الباب
trou (m) de la serrure	θaqb al bāb (m)	ثقب الباب
verrou (m)	tirbās (m)	ترباس
loquet (m)	mizlāʒ (m)	مزلاج
cadenas (m)	qifl (m)	قفل
sonner (à la porte)	rann	رنّ
sonnerie (f)	ranīn (m)	رنين
sonnette (f)	ʒaras (m)	جرس
bouton (m)	zirr (m)	زر
coups (m pl) à la porte	ṭarq, daqq (m)	طرق، دقّ
frapper (~ à la porte)	daqq	دقّ
code (m)	kūd (m)	كود
serrure (f) à combinaison	kūd (m)	كود

interphone (m)	ʒaras al bāb (m)	جرس الباب
numéro (m)	raqm (m)	رقم
plaque (f) de porte	lawḥa (f)	لوحة
judas (m)	al 'ayn as siḥriyya (m)	العين السحريّة

85. La maison de campagne

village (m)	qarya (f)	قرية
potager (m)	bustān xuḍār (m)	بستان خضار
palissade (f)	sūr (m)	سور
clôture (f)	sūr (m)	سور
portillon (m)	bawwāba far'iyya (f)	بوّابة فرعيّة
grange (f)	ʃawna (f)	شونة
cave (f)	sirdāb (m)	سرداب
abri (m) de jardin	saqīfa (f)	سقيفة
puits (m)	bi'r (m)	بئر
poêle (m) (~ à bois)	furn (m)	فرن
chauffer le poêle	awqad	أوقد
bois (m) de chauffage	ḥaṭab (m)	حطب
bûche (f)	qiṭ'at ḥaṭab (f)	قطعة حطب
véranda (f)	virānda (f)	فيراندة
terrasse (f)	ʃurfa (f)	شرفة
perron (m) d'entrée	sullam (m)	سلّم
balançoire (f)	urʒūḥa (f)	أرجوحة

86. Le château. Le palais

château (m)	qal'a (f)	قلعة
palais (m)	qaṣr (m)	قصر
forteresse (f)	qal'a (f), ḥiṣn (m)	قلعة، حصن
muraille (f)	sūr (m)	سور
tour (f)	burʒ (m)	برج
donjon (m)	burʒ ra'īsiy (m)	برج رئيسيّ
herse (f)	bāb mutaḥarrik (m)	باب متحرّك
souterrain (m)	sirdāb (m)	سرداب
douve (f)	xandaq mā'iy (m)	خندق مائيّ
chaîne (f)	silsila (f)	سلسلة
meurtrière (f)	mazɣal (m)	مزغل
magnifique (adj)	rā'i'	رائع
majestueux (adj)	muhīb	مهيب
inaccessible (adj)	manī'	منيع
médiéval (adj)	min al qurūn al wusṭa	من القرون الوسطى

87. L'appartement

appartement (m)	ʃaqqa (f)	شقّة
chambre (f)	ɣurfa (f)	غرفة
chambre (f) à coucher	ɣurfat an nawm (f)	غرفة النوم
salle (f) à manger	ɣurfat il akl (f)	غرفة الأكل
salon (m)	ṣālat al istiqbāl (f)	صالة الإستقبال
bureau (m)	maktab (m)	مكتب
antichambre (f)	madχal (m)	مدخل
salle (f) de bains	ḥammām (m)	حمّام
toilettes (f pl)	ḥammām (m)	حمّام
plafond (m)	saqf (m)	سقف
plancher (m)	arḍ (f)	أرض
coin (m)	zāwiya (f)	زاوية

88. L'appartement. Le ménage

faire le ménage	naẓẓaf	نظّف
ranger (jouets, etc.)	ʃāl	شال
poussière (f)	ɣubār (m)	غبار
poussiéreux (adj)	muɣabbar	مغبّر
essuyer la poussière	masaḥ al ɣubār	مسح الغبار
aspirateur (m)	miknasa kahrabā'iyya (f)	مكنسة كهربائيّة
passer l'aspirateur	naẓẓaf bi miknasa kahrabā'iyya	نظّف بمكنسة كهربائيّة
balayer (vt)	kanas	كنس
balayures (f pl)	qumāma (f)	قمامة
ordre (m)	niẓām (m)	نظام
désordre (m)	'adam an niẓām (m)	عدم النظام
balai (m) à franges	mimsaḥa ṭawīla (f)	ممسحة طويلة
torchon (m)	mimsaḥa (f)	ممسحة
balayette (f) de sorgho	miqaʃʃa (f)	مقشّة
pelle (f) à ordures	ʒārūf (m)	جاروف

89. Les meubles. L'intérieur

meubles (m pl)	aθāθ (m)	أثاث
table (f)	maktab (m)	مكتب
chaise (f)	kursiy (m)	كرسيّ
lit (m)	sarīr (m)	سرير
canapé (m)	kanaba (f)	كنبة
fauteuil (m)	kursiy (m)	كرسيّ
bibliothèque (f) (meuble)	χizānat kutub (f)	خزانة كتب
rayon (m)	raff (m)	رفّ
armoire (f)	dūlāb (m)	دولاب
patère (f)	ʃammāʻa (f)	شمّاعة

portemanteau (m)	ʃammāʿa (f)	شمّاعة
commode (f)	dulāb adrāʒ (m)	دولاب أدراج
table (f) basse	ṭāwilat al qahwa (f)	طاولة القهوة

miroir (m)	mir'āt (f)	مرآة
tapis (m)	siʒāda (f)	سجادة
petit tapis (m)	siʒāda (f)	سجادة

cheminée (f)	midfa'a ḥā'iṭiyya (f)	مدفأة حائطيّة
bougie (f)	ʃam'a (f)	شمعة
chandelier (m)	ʃam'adān (m)	شمعدان

rideaux (m pl)	satā'ir (pl)	ستائر
papier (m) peint	waraq ḥīṭān (m)	ورق حيطان
jalousie (f)	haṣīrat ʃubbāk (f)	حصيرة شبّاك

lampe (f) de table	miṣbāḥ aṭ ṭāwila (m)	مصباح الطاولة
applique (f)	miṣbāḥ al ḥā'iṭ (f)	مصباح الحائط
lampadaire (m)	miṣbāḥ arḍiy (m)	مصباح أرضيّ
lustre (m)	naʒafa (f)	نجفة

pied (m) (~ de la table)	riʒl (f)	رجل
accoudoir (m)	masnad (m)	مسند
dossier (m)	masnad (m)	مسند
tiroir (m)	durʒ (m)	درج

90. La literie

linge (m) de lit	bayāḍāt as sarīr (pl)	بياضات السرير
oreiller (m)	wisāda (f)	وسادة
taie (f) d'oreiller	kīs al wisāda (m)	كيس الوسادة
couverture (f)	baṭṭāniyya (f)	بطّانيّة
drap (m)	milāya (f)	ملاية
couvre-lit (m)	ɣiṭā' as sarīr (m)	غطاء السرير

91. La cuisine

cuisine (f)	maṭbaχ (m)	مطبخ
gaz (m)	ɣāz (m)	غاز
cuisinière (f) à gaz	butuɣāz (m)	بوتوغاز
cuisinière (f) électrique	furn kaharabā'iy (m)	فرن كهربائيّ
four (m)	furn (m)	فرن
four (m) micro-ondes	furn al mikruwayv (m)	فرن الميكروويف

réfrigérateur (m)	θallāʒa (f)	ثلاجة
congélateur (m)	frīzir (m)	فريزير
lave-vaisselle (m)	ɣassāla (f)	غسّالة

hachoir (m) à viande	farrāmat laḥm (f)	فرّامة لحم
centrifugeuse (f)	ʿaṣṣāra (f)	عصّارة
grille-pain (m)	maḥmaṣat χubz (f)	محمصة خبز
batteur (m)	χallāṭ (m)	خلّاط

machine (f) à café	mākinat ṣan' al qahwa (f)	ماكينة صنع القهوة
cafetière (f)	kanaka (f)	كنكة
moulin (m) à café	maṭhanat qahwa (f)	مطحنة قهوة
bouilloire (f)	barrād (m)	برّاد
théière (f)	barrād aʃ ʃāy (m)	برّاد الشاي
couvercle (m)	ɣiṭā' (m)	غطاء
passoire (f) à thé	miṣfāt (f)	مصفاة
cuillère (f)	mil'aqa (f)	ملعقة
petite cuillère (f)	mil'aqat ʃāy (f)	ملعقة شاي
cuillère (f) à soupe	mil'aqa kabīra (f)	ملعقة كبيرة
fourchette (f)	ʃawka (f)	شوكة
couteau (m)	sikkīn (m)	سكّين
vaisselle (f)	ṣuḥūn (pl)	صحون
assiette (f)	ṭabaq (m)	طبق
soucoupe (f)	ṭabaq finʒān (m)	طبق فنجان
verre (m) à shot	ka's (f)	كأس
verre (m) (~ d'eau)	kubbāya (f)	كبّاية
tasse (f)	finʒān (m)	فنجان
sucrier (m)	sukkariyya (f)	سكّريّة
salière (f)	mamlaḥa (f)	مملحة
poivrière (f)	mabhara (f)	مبهرة
beurrier (m)	ṣuḥn zubda (m)	صحن زبدة
casserole (f)	kassirūlla (f)	كاسرولة
poêle (f)	ṭāsa (f)	طاسة
louche (f)	miɣrafa (f)	مغرفة
passoire (f)	miṣfāt (f)	مصفاة
plateau (m)	ṣīniyya (f)	صينيّة
bouteille (f)	zuʒāʒa (f)	زجاجة
bocal (m) (à conserves)	barṭamān (m)	برطمان
boîte (f) en fer-blanc	tanaka (f)	تنكة
ouvre-bouteille (m)	fattāḥa (f)	فتّاحة
ouvre-boîte (m)	fattāḥa (f)	فتّاحة
tire-bouchon (m)	barrīma (f)	بريمة
filtre (m)	filtir (m)	فلتر
filtrer (vt)	ṣaffa	صفّى
ordures (f pl)	zubāla (f)	زبالة
poubelle (f)	ṣundūq az zubāla (m)	صندوق الزبالة

92. La salle de bains

salle (f) de bains	ḥammām (m)	حمّام
eau (f)	mā' (m)	ماء
robinet (m)	ḥanafiyya (f)	حنفيّة
eau (f) chaude	mā' sāxin (m)	ماء ساخن
eau (f) froide	mā' bārid (m)	ماء بارد

dentifrice (m)	maʻʒūn asnān (m)	معجون أسنان
se brosser les dents	naẓẓaf al asnān	نظّف الأسنان
brosse (f) à dents	furʃat asnān (f)	فرشة أسنان
se raser (vp)	ḥalaq	حلق
mousse (f) à raser	raɣwa lil ḥilāqa (f)	رغوة للحلاقة
rasoir (m)	mūs ḥilāqa (m)	موس حلاقة
laver (vt)	ɣasal	غسل
se laver (vp)	istaḥamm	إستحمَ
douche (f)	dūʃ (m)	دوش
prendre une douche	aχað ad duʃ	أخذ الدش
baignoire (f)	ḥawḍ istiḥmām (m)	حوض استحمام
cuvette (f)	mirḥāḍ (m)	مرحاض
lavabo (m)	ḥawḍ (m)	حوض
savon (m)	ṣābūn (m)	صابون
porte-savon (m)	ṣabbāna (f)	صبّانة
éponge (f)	līfa (f)	ليفة
shampooing (m)	ʃāmbū (m)	شامبو
serviette (f)	fūṭa (f)	فوطة
peignoir (m) de bain	θawb ḥammām (m)	ثوب حمّام
lessive (f) (faire la ~)	ɣasīl (m)	غسيل
machine (f) à laver	ɣassāla (f)	غسّالة
faire la lessive	ɣasal al malābis	غسل الملابس
lessive (f) (poudre)	mashūq ɣasīl (m)	مسحوق غسيل

93. Les appareils électroménagers

téléviseur (m)	tilivizyūn (m)	تليفزيون
magnétophone (m)	ʒihāz tasʒīl (m)	جهاز تسجيل
magnétoscope (m)	ʒihāz tasʒīl vidiyu (m)	جهاز تسجيل فيديو
radio (f)	ʒihāz radiyu (m)	جهاز راديو
lecteur (m)	blayir (m)	بلبير
vidéoprojecteur (m)	ʻāriḍ vidiyu (m)	عارض فيديو
home cinéma (m)	sinima manziliyya (f)	سينما منزليّة
lecteur DVD (m)	di vi di (m)	دي في دي
amplificateur (m)	mukabbir aṣ ṣawt (m)	مكبّر الصوت
console (f) de jeux	ʼatāri (m)	أتاري
caméscope (m)	kamira vidiyu (f)	كاميرا فيديو
appareil (m) photo	kamira (f)	كاميرا
appareil (m) photo numérique	kamira diʒital (f)	كاميرا ديجيتال
aspirateur (m)	miknasa kahrabāʼiyya (f)	مكنسة كهربائيّة
fer (m) à repasser	makwāt (f)	مكواة
planche (f) à repasser	lawḥat kayy (f)	لوحة كيّ
téléphone (m)	hātif (m)	هاتف
portable (m)	hātif maḥmūl (m)	هاتف محمول

machine (f) à écrire	'āla katiba (f)	آلة كاتبة
machine (f) à coudre	'ālat al χiyāṭa (f)	آلة الخياطة
micro (m)	mikrufūn (m)	ميكروفون
écouteurs (m pl)	sammā'āt ra'siya (pl)	سمّاعات رأسيّة
télécommande (f)	rimuwt kuntrūl (m)	ريموت كنترول
CD (m)	si di (m)	سي دي
cassette (f)	ʃarīṭ (m)	شريط
disque (m) (vinyle)	usṭuwāna (f)	أسطوانة

94. Les travaux de réparation et de rénovation

rénovation (f)	taʒdīdāt (m)	تجديدات
faire la rénovation	ʒaddad	جدّد
réparer (vt)	aṣlaḥ	أصلح
remettre en ordre	naẓẓam	نظم
refaire (vt)	a'ād	أعاد
peinture (f)	dihān (m)	دهان
peindre (des murs)	dahan	دهن
peintre (m) en bâtiment	dahhān (m)	دهّان
pinceau (m)	furʃat lit talwīn (f)	فرشة للتلوين
chaux (f)	maḥlūl mubayyiḍ (m)	محلول مبيّض
blanchir à la chaux	bayyaḍ	بيّض
papier (m) peint	waraq ḥīṭān (m)	ورق حيطان
tapisser (vt)	laṣaq waraq al ḥīṭān	لصق ورق الحيطان
vernis (m)	warnīʃ (m)	ورنيش
vernir (vt)	ṭala bil warnīʃ	طلى بالورنيش

95. La plomberie

eau (f)	mā' (m)	ماء
eau (f) chaude	mā' sāχin (m)	ماء ساخن
eau (f) froide	mā' bārid (m)	ماء بارد
robinet (m)	ḥanafiyya (f)	حنفيّة
goutte (f)	qaṭara (f)	قطرة
goutter (vi)	qaṭar	قطر
fuir (tuyau)	sarab	سرب
fuite (f)	tasarrub (m)	تسرّب
flaque (f)	birka (f)	بركة
tuyau (m)	māsūra (f)	ماسورة
valve (f)	ṣimām (m)	صمام
se boucher (vp)	kān masdūdan	كان مسدودًا
outils (m pl)	adawāt (pl)	أدوات
clé (f) réglable	miftāḥ inʒlīziy (m)	مفتاح إنجليزيّ
dévisser (vt)	fataḥ	فتح

visser (vt)	aḥkam aʃ ʃadd	أحكم الشدّ
déboucher (vt)	sallak	سلّك
plombier (m)	sabbāk (m)	سبّاك
sous-sol (m)	sirdāb (m)	سرداب
égouts (m pl)	ʃabakit il maʒāry (f)	شبكة مياه المجاري

96. L'incendie

feu (m)	ḥarīq (m)	حريق
flamme (f)	ʃuʻla (f)	شعلة
étincelle (f)	ʃarāra (f)	شرارة
fumée (f)	duxān (m)	دخان
flambeau (m)	ʃuʻla (f)	شعلة
feu (m) de bois	nār muxayyam (m)	نار مخيّم
essence (f)	banzīn (m)	بنزين
kérosène (m)	kirusīn (m)	كيروسين
inflammable (adj)	qābil lil iḥtirāq	قابل للإحتراق
explosif (adj)	mutafaʒʒir	متفجّر
DÉFENSE DE FUMER	mamnūʻ at tadxīn	ممنوع التدخين
sécurité (f)	amn (m)	أمن
danger (m)	xaṭar (m)	خطر
dangereux (adj)	xaṭīr	خطير
prendre feu	iʃtaʻal	إشتعل
explosion (f)	infiʒār (m)	إنفجار
mettre feu	aʃʻal an nār	أشعل النار
incendiaire (m)	muʃʻil ḥarīq (m)	مشعل حريق
incendie (m) prémédité	iḥrāq (m)	إحراق
flamboyer (vi)	talahhab	تلهّب
brûler (vi)	iḥtaraq	إحترق
brûler complètement	iḥtaraq	إحترق
appeler les pompiers	istadʻa qism al ḥarīq	إستدعى قسم الحريق
pompier (m)	raʒul iṭfāʼ (m)	رجل إطفاء
voiture (f) de pompiers	sayyārat iṭfāʼ (f)	سيّارة إطفاء
sapeurs-pompiers (pl)	qism iṭfāʼ (m)	قسم إطفاء
échelle (f) des pompiers	sullam iṭfāʼ (m)	سلّم إطفاء
tuyau (m) d'incendie	xarṭūm al māʼ (m)	خرطوم الماء
extincteur (m)	miṭfaʼat ḥarīq (f)	مطفأة حريق
casque (m)	xūða (f)	خوذة
sirène (f)	ṣaffārat inðār (f)	صفّارة إنذار
crier (vi)	ṣarax	صرخ
appeler au secours	istaɣāθ	إستغاث
secouriste (m)	munqið (m)	منقذ
sauver (vt)	anqað	أنقذ
venir (vi)	waṣal	وصل
éteindre (feu)	aṭfaʼ	أطفأ
eau (f)	māʼ (m)	ماء

sable (m)	raml (m)	رمل
ruines (f pl)	ḥiṭām (pl)	حطام
tomber en ruine	inhār	إنهار
s'écrouler (vp)	inhār	إنهار
s'effondrer (vp)	inhār	إنهار
morceau (m) (de mur, etc.)	ḥiṭma (f)	حطمة
cendre (f)	ramād (m)	رماد
mourir étouffé	iẖtanaq	إختنق
périr (vi)	halak	هلك

LES ACTIVITÉS HUMAINS

Le travail. Les affaires. Partie 1

97. Les opérations bancaires

banque (f)	bank (m)	بنك
agence (f) bancaire	far' (m)	فرع
conseiller (m)	muwaẓẓaf bank (m)	موظّف بنك
gérant (m)	mudīr (m)	مدير
compte (m)	ḥisāb (m)	حساب
numéro (m) du compte	raqm al ḥisāb (m)	رقم الحساب
compte (m) courant	ḥisāb ӡāri (m)	حساب جار
compte (m) sur livret	ḥisāb tawfīr (m)	حساب توفير
ouvrir un compte	fataḥ ḥisāb	فتح حسابا
clôturer le compte	aɣlaq ḥisāb	أغلق حسابا
verser dans le compte	awda' fil ḥisāb	أودع في الحساب
retirer du compte	saḥab min al ḥisāb	سحب من الحساب
dépôt (m)	wadī'a (f)	وديعة
faire un dépôt	awda'	أودع
virement (m) bancaire	ḥawāla (f)	حوالة
faire un transfert	ḥawwal	حوّل
somme (f)	mablaɣ (m)	مبلغ
Combien?	kam?	كم؟
signature (f)	tawqī' (m)	توقيع
signer (vt)	waqqa'	وقّع
carte (f) de crédit	biṭāqat i'timān (f)	بطاقة ائتمان
code (m)	kūd (m)	كود
numéro (m) de carte de crédit	raqm biṭāqat i'timān (m)	رقم بطاقة إئتمان
distributeur (m)	ṣarrāf 'āliy (m)	صرّاف آليّ
chèque (m)	ʃīk (m)	شيك
faire un chèque	katab ʃīk	كتب شيكًا
chéquier (m)	daftar ʃīkāt (m)	دفتر شيكات
crédit (m)	qarḍ (m)	قرض
demander un crédit	qaddam ṭalab lil ḥuṣūl 'ala qarḍ	قدّم طلبا للحصول على قرض
prendre un crédit	ḥaṣal 'ala qarḍ	حصل على قرض
accorder un crédit	qaddam qarḍ	قدمَ قرضا
gage (m)	ḍamān (m)	ضمان

98. Le téléphone. La conversation téléphonique

téléphone (m)	hātif (m)	هاتف
portable (m)	hātif maḥmūl (m)	هاتف محمول
répondeur (m)	muʒīb al hātif (m)	مجيب الهاتف
téléphoner, appeler	ittaṣal	إتّصل
appel (m)	mukālama tilifuniyya (f)	مكالمة تليفونية
composer le numéro	ittaṣal bi raqm	إتّصل برقم
Allô!	alu!	ألو!
demander (~ l'heure)	sa'al	سأل
répondre (vi, vt)	radd	ردّ
entendre (bruit, etc.)	samiʿ	سمع
bien (adv)	ʒayyidan	جيّداً
mal (adv)	sayyi'an	سيّئًا
bruits (m pl)	taʃwīʃ (m)	تشويش
récepteur (m)	sammāʿa (f)	سمّاعة
décrocher (vt)	rafaʿ as sammāʿa	رفع السمّاعة
raccrocher (vi)	qafal as sammāʿa	قفل السمّاعة
occupé (adj)	maʃɣūl	مشغول
sonner (vi)	rann	رنّ
carnet (m) de téléphone	dalīl at tilifūn (m)	دليل التليفون
local (adj)	maḥalliyya	محلّيّة
appel (m) local	mukālama hātifiyya maḥalliyya (f)	مكالمة هاتفيّة محلّيّة
interurbain (adj)	baʿīd al mada	بعيد المدى
appel (m) interurbain	mukālama baʿīdat al mada (f)	مكالمة بعيدة المدى
international (adj)	duwaliy	دوليّ
appel (m) international	mukālama duwaliyya (f)	مكالمة دوليّة

99. Le téléphone portable

portable (m)	hātif maḥmūl (m)	هاتف محمول
écran (m)	ʒihāz ʿarḍ (m)	جهاز عرض
bouton (m)	zirr (m)	زرّ
carte SIM (f)	sim kart (m)	سيم كارت
pile (f)	baṭṭāriyya (f)	بطّاريّة
être déchargé	xalaṣat	خلصت
chargeur (m)	ʃāḥin (m)	شاحن
menu (m)	qā'ima (f)	قائمة
réglages (m pl)	awḍāʿ (pl)	أوضاع
mélodie (f)	naɣma (f)	نغمة
sélectionner (vt)	ixtār	إختار
calculatrice (f)	'āla ḥāsiba (f)	آلة حاسبة
répondeur (m)	barīd ṣawtiy (m)	بريد صوتيّ

réveil (m)	munabbih (m)	منبّه
contacts (m pl)	ʒihāt al ittiṣāl (pl)	جهات الإتّصال
SMS (m)	risāla qaṣīra ɛsɛmɛs (f)	sms رسالة قصيرة
abonné (m)	muʃtarik (m)	مشترك

100. La papeterie

stylo (m) à bille	qalam ʒāf (m)	قلم جاف
stylo (m) à plume	qalam rīʃa (m)	قلم ريشة
crayon (m)	qalam ruṣāṣ (m)	قلم رصاص
marqueur (m)	markir (m)	ماركر
feutre (m)	qalam xaṭṭāṭ (m)	قلم خطاط
bloc-notes (m)	muðakkira (f)	مذكّرة
agenda (m)	ʒadwal al a‘māl (m)	جدول الأعمال
règle (f)	masṭara (f)	مسطرة
calculatrice (f)	’āla ḥāsiba (f)	آلة حاسبة
gomme (f)	astīka (f)	استيكة
punaise (f)	dabbūs (m)	دبّوس
trombone (m)	dabbūs waraq (m)	دبّوس ورق
colle (f)	ṣamɣ (m)	صمغ
agrafeuse (f)	dabbāsa (f)	دبّاسة
perforateur (m)	xarrāma (m)	خرّامة
taille-crayon (m)	mibrāt (f)	مبراة

Le travail. Les affaires. Partie 2

101. Les médias de masse

journal (m)	ȝarīda (f)	جريدة
revue (f)	maȝalla (f)	مجلّة
presse (f)	ṣiḥāfa (f)	صحافة
radio (f)	iðā'a (f)	إذاعة
station (f) de radio	maḥaṭṭat iðā'a (f)	محطة إذاعة
télévision (f)	tilivizyūn (m)	تليفزيون
animateur (m)	mu'addim (m)	مقدّم
présentateur (m) de journaux télévisés	muðī' (m)	مذيع
commentateur (m)	mu'alliq (m)	معلّق
journaliste (m)	ṣuḥufiy (m)	صحفيّ
correspondant (m)	murāsil (m)	مراسل
reporter photographe (m)	muṣawwir ṣuḥufiy (m)	مصوّر صحفيّ
reporter (m)	ṣuḥufiy (m)	صحفيّ
rédacteur (m)	muḥarrir (m)	محرّر
rédacteur (m) en chef	ra'īs taḥrīr (m)	رئيس تحرير
s'abonner (vp)	iʃtarak	إشترك
abonnement (m)	iʃtirāk (m)	إشتراك
abonné (m)	muʃtarik (m)	مشترك
lire (vi, vt)	qara'	قرأ
lecteur (m)	qāri' (m)	قارئ
tirage (m)	tadāwul (m)	تداول
mensuel (adj)	ʃahriy	شهريّ
hebdomadaire (adj)	usbū'iy	أسبوعيّ
numéro (m)	'adad (m)	عدد
nouveau (~ numéro)	ȝadīd	جديد
titre (m)	'unwān (m)	عنوان
entrefilet (m)	maqāla qaṣīra (f)	مقالة قصيرة
rubrique (f)	'amūd (m)	عمود
article (m)	maqāla (f)	مقالة
page (f)	ṣafḥa (f)	صفحة
reportage (m)	taqrīr (m)	تقرير
événement (m)	ḥadaθ (m)	حدث
sensation (f)	ḍaȝȝa (f)	ضجّة
scandale (m)	faḍīḥa (f)	فضيحة
scandaleux	fāḍiḥ	فاضح
grand (~ scandale)	ʃahīr	شهير
émission (f)	barnāmaȝ (m)	برنامج
interview (f)	muqābala (f)	مقابلة

| émission (f) en direct | iðā'a mubāʃira (f) | إذاعة مباشرة |
| chaîne (f) (~ payante) | qanāt (f) | قناة |

102. L'agriculture

agriculture (f)	zirā'a (f)	زراعة
paysan (m)	fallāḥ (m)	فلاح
paysanne (f)	fallāḥa (f)	فلاحة
fermier (m)	muzāri' (m)	مزارع

| tracteur (m) | ʒarrār (m) | جرّار |
| moissonneuse-batteuse (f) | ḥaṣṣāda (f) | حصّادة |

charrue (f)	miḥrāθ (m)	محراث
labourer (vt)	ḥaraθ	حرث
champ (m) labouré	ḥaql maḥrūθ (m)	حقل محروث
sillon (m)	talam (m)	تلم

semer (vt)	baðar	بذر
semeuse (f)	baððāra (f)	بذّارة
semailles (f pl)	zar' (m)	زرع

| faux (f) | miḥaʃʃ (m) | محشّ |
| faucher (vt) | ḥaʃʃ | حشّ |

| pelle (f) | karīk (m) | مجرفة |
| bêcher (vt) | ḥafar | حفر |

couperet (m)	mi'zaqa (f)	معزقة
sarcler (vt)	ista'ṣal nabātāt	إستأصل نباتات
mauvaise herbe (f)	ḥaʃīʃa (m)	حشيشة

arrosoir (m)	miraʃʃa al miyāh (f)	مرشّة المياه
arroser (plantes)	saqa	سقى
arrosage (m)	saqy (m)	سقي

| fourche (f) | maðrāt (f) | مذراة |
| râteau (m) | midamma (f) | مدمّة |

engrais (m)	samād (m)	سماد
engraisser (vt)	sammad	سمّد
fumier (m)	zibd (m)	زبل

champ (m)	ḥaql (m)	حقل
pré (m)	marʒ (m)	مرج
potager (m)	bustān xuḍār (m)	بستان خضار
jardin (m)	bustān (m)	بستان

faire paître	ra'a	رعى
berger (m)	rā'i (m)	راع
pâturage (m)	mar'a (m)	مرعى

| élevage (m) | tarbiyat al mawāʃi (f) | تربية المواشي |
| élevage (m) de moutons | tarbiyat aɣnām (f) | تربية أغنام |

plantation (f)	mazra'a (f)	مزرعة
plate-bande (f)	ḥawḍ (m)	حوض
serre (f)	dafi'a (f)	دفيئة

| sécheresse (f) | ʒafāf (m) | جفاف |
| sec (l'été ~) | ʒāff | جافّ |

grains (m pl)	ḥubūb (pl)	حبوب
céréales (f pl)	maḥāṣīl al ḥubūb (pl)	محاصيل الحبوب
récolter (vt)	ḥaṣad	حصد

meunier (m)	ṭaḥḥān (m)	طحّان
moulin (m)	ṭāḥūna (f)	طاحونة
moudre (vt)	ṭaḥan al ḥubūb	طحن الحبوب
farine (f)	daqīq (m)	دقيق
paille (f)	qaʃʃ (m)	قشّ

103. Le BTP et la construction

chantier (m)	arḍ binā' (f)	أرض بناء
construire (vt)	bana	بنى
ouvrier (m) du bâtiment	'āmil binā' (m)	عامل بناء

projet (m)	maʃrū' (m)	مشروع
architecte (m)	muhandis mi'māriy (m)	مهندس معماريّ
ouvrier (m)	'āmil (m)	عامل

fondations (f pl)	asās (m)	أساس
toit (m)	saqf (m)	سقف
pieu (m) de fondation	watad al asās (f)	وتد الأساس
mur (m)	ḥā'iṭ (m)	حائط

| ferraillage (m) | ḥadīd taslīḥ (m) | حديد تسليح |
| échafaudage (m) | saqāla (f) | سقالة |

béton (m)	xarasāna (f)	خرسانة
granit (m)	granīt (m)	جرانيت
pierre (f)	ḥaʒar (m)	حجر
brique (f)	ṭūb (m)	طوب

sable (m)	raml (m)	رمل
ciment (m)	ismant (m)	إسمنت
plâtre (m)	qiṣāra (f)	قصارة
plâtrer (vt)	ṭala bil ʒiṣṣ	طلى بالجصّ
peinture (f)	dihān (m)	دهان
peindre (des murs)	dahhan	دهّن
tonneau (m)	barmīl (m)	برميل

grue (f)	rāfi'a (f)	رافعة
monter (vt)	rafa'	رفع
abaisser (vt)	anzal	أنزل

| bulldozer (m) | ʒarrāfa (f) | جرّافة |
| excavateur (m) | ḥaffāra (f) | حفّارة |

godet (m)	dalw (m)	دلو
creuser (vt)	ḥafar	حفر
casque (m)	χūða (f)	خوذة

Les professions. Les mètiers

104. La recherche d'emploi. Le licenciement

travail (m)	'amal (m)	عمل
employés (pl)	kawādir (pl)	كوادر
personnel (m)	ṭāqim al 'āmilīn (m)	طاقم العاملين
carrière (f)	masār mihniy (m)	مسار مهنيّ
perspective (f)	'āfāq (pl)	آفاق
maîtrise (f)	mahārāt (pl)	مهارات
sélection (f)	iχtiyār (m)	إختيار
agence (f) de recrutement	wikālat tawẓīf (f)	وكالة توظيف
C.V. (m)	sīra ðātiyya (f)	سيرة ذاتيّة
entretien (m)	mu'ābalat 'amal (f)	مقابلة عمل
emploi (m) vacant	waẓīfa χāliya (f)	وظيفة خالية
salaire (m)	murattab (m)	مرتّب
salaire (m) fixe	rātib θābit (m)	راتب ثابت
rémunération (f)	uʒra (f)	أجرة
poste (m) (~ évolutif)	manṣib (m)	منصب
fonction (f)	wāʒib (m)	واجب
liste (f) des fonctions	maʒmū'a min al wāʒibāt (f)	مجموعة من الواجبات
occupé (adj)	maʃɣūl	مشغول
licencier (vt)	aqāl	أقال
licenciement (m)	iqāla (m)	إقالة
chômage (m)	biṭāla (f)	بطالة
chômeur (m)	'āṭil (m)	عاطل
retraite (f)	ma'āʃ (m)	معاش
prendre sa retraite	uḥīl 'alal ma'āʃ	أحيل على المعاش

105. Les hommes d'affaires

directeur (m)	mudīr (m)	مدير
gérant (m)	mudīr (m)	مدير
patron (m)	mudīr (m), ra'īs (m)	مدير, رئيس
supérieur (m)	ra'īs (m)	رئيس
supérieurs (m pl)	ru'asā' (pl)	رؤساء
président (m)	ra'īs (m)	رئيس
président (m) (d'entreprise)	ra'īs (m)	رئيس
adjoint (m)	nā'ib (m)	نائب
assistant (m)	musā'id (m)	مساعد

secrétaire (m, f)	sikirtīr (m)	سكرتير
secrétaire (m, f) personnel	sikritīr χāṣṣ (m)	سكرتير خاصّ
homme (m) d'affaires	raʒul aʿmāl (m)	رجل أعمال
entrepreneur (m)	rā'id aʿmāl (m)	رائد أعمال
fondateur (m)	mu'assis (m)	مؤسّس
fonder (vt)	assas	أسّس
fondateur (m)	mu'assis (m)	مؤسّس
partenaire (m)	ʃarīk (m)	شريك
actionnaire (m)	musāhim (m)	مساهم
millionnaire (m)	milyunīr (m)	مليونير
milliardaire (m)	milyardīr (m)	ملياردير
propriétaire (m)	ṣāḥib (m)	صاحب
propriétaire (m) foncier	ṣāḥib al arḍ (m)	صاحب الأرض
client (m)	ʿamīl (m)	عميل
client (m) régulier	ʿamīl dā'im (m)	عميل دائم
acheteur (m)	muʃtari (m)	مشتر
visiteur (m)	zā'ir (m)	زائر
professionnel (m)	muḥtarif (m)	محترف
expert (m)	χabīr (m)	خبير
spécialiste (m)	mutaχaṣṣiṣ (m)	متخصّص
banquier (m)	ṣāḥib maṣraf (m)	صاحب مصرف
courtier (m)	simsār (m)	سمسار
caissier (m)	ṣarrāf (m)	صرّاف
comptable (m)	muḥāsib (m)	محاسب
agent (m) de sécurité	ḥāris amn (m)	حارس أمن
investisseur (m)	mustaθmir (m)	مستثمر
débiteur (m)	mudīn (m)	مدين
créancier (m)	dā'in (m)	دائن
emprunteur (m)	muqtariḍ (m)	مقترض
importateur (m)	mustawrid (m)	مستورد
exportateur (m)	muṣaddir (m)	مصدّر
producteur (m)	aʃ ʃarika al muṣniʿa (f)	الشركة المصنعة
distributeur (m)	muwazziʿ (m)	موزّع
intermédiaire (m)	wasīṭ (m)	وسيط
conseiller (m)	mustaʃār (m)	مستشار
représentant (m)	mandūb mabiʿāt (m)	مندوب مبيعات
agent (m)	wakīl (m)	وكيل
agent (m) d'assurances	wakīl at taʾmīn (m)	وكيل التأمين

106. Les mètiers des services

cuisinier (m)	ṭabbāχ (m)	طبّاخ
cuisinier (m) en chef	ʃāf (m)	شاف

boulanger (m)	χabbāz (m)	خبّاز
barman (m)	bārman (m)	بارمان
serveur (m)	nādil (m)	نادل
serveuse (f)	nādila (f)	نادلة

avocat (m)	muḥāmi (m)	محام
juriste (m)	muḥāmi (m)	محام
notaire (m)	muwaθθaq (m)	موثّق

électricien (m)	kahrabā'iy (m)	كهربائيّ
plombier (m)	sabbāk (m)	سبّاك
charpentier (m)	naʒʒār (m)	نجّار

masseur (m)	mudallik (m)	مدلّك
masseuse (f)	mudallika (f)	مدلّكة
médecin (m)	ṭabīb (m)	طبيب

chauffeur (m) de taxi	sā'iq taksi (m)	سائق تاكسي
chauffeur (m)	sā'iq (m)	سائق
livreur (m)	sā'i (m)	ساع

femme (f) de chambre	'āmilat tanẓīf ɣuraf (f)	عاملة تنظيف غرف
agent (m) de sécurité	ḥāris amn (m)	حارس أمن
hôtesse (f) de l'air	muḍīfat ṭayarān (f)	مضيفة طيران

professeur (m)	mudarris madrasa (m)	مدرّس مدرسة
bibliothécaire (m)	amīn maktaba (m)	أمين مكتبة
traducteur (m)	mutarʒim (m)	مترجم
interprète (m)	mutarʒim fawriy (m)	مترجم فوريّ
guide (m)	murʃid (m)	مرشد

coiffeur (m)	ḥallāq (m)	حلّاق
facteur (m)	sā'i al barīd (m)	ساعي البريد
vendeur (m)	bā'i' (m)	بائع

jardinier (m)	bustāniy (m)	بستانيّ
serviteur (m)	χādim (m)	خادم
servante (f)	χādima (f)	خادمة
femme (f) de ménage	'āmilat tanẓīf (f)	عاملة تنظيف

107. Les professions militaires et leurs grades

soldat (m) (grade)	ʒundiy (m)	جنديّ
sergent (m)	raqīb (m)	رقيب
lieutenant (m)	mulāzim (m)	ملازم
capitaine (m)	naqīb (m)	نقيب

commandant (m)	rā'id (m)	رائد
colonel (m)	'aqīd (m)	عقيد
général (m)	ʒinirāl (m)	جنرال
maréchal (m)	mārʃāl (m)	مارشال
amiral (m)	amirāl (m)	أميرال
militaire (m)	'askariy (m)	عسكريّ
soldat (m)	ʒundiy (m)	جنديّ

officier (m)	ḍābiṭ (m)	ضابط
commandant (m)	qā'id (m)	قائد
garde-frontière (m)	ḥāris ḥudūd (m)	حارس حدود
opérateur (m) radio	'āmil lāsilkiy (m)	عامل لاسلكيّ
éclaireur (m)	mustakʃif (m)	مستكشف
démineur (m)	muhandis 'askariy (m)	مهندس عسكريّ
tireur (m)	rāmi (m)	رام
navigateur (m)	mallāḥ (m)	ملّاح

108. Les fonctionnaires. Les prétres

roi (m)	malik (m)	ملك
reine (f)	malika (f)	ملكة
prince (m)	amīr (m)	أمير
princesse (f)	amīra (f)	أميرة
tsar (m)	qayṣar (m)	قيصر
tsarine (f)	qayṣara (f)	قيصرة
président (m)	ra'īs (m)	رئيس
ministre (m)	wazīr (m)	وزير
premier ministre (m)	ra'īs wuzarā' (m)	رئيس وزراء
sénateur (m)	'uḍw maɣlis aʃ ʃuyūχ (m)	عضو مجلس الشيوخ
diplomate (m)	diblumāsiy (m)	دبلوماسيّ
consul (m)	qunṣul (m)	قنصل
ambassadeur (m)	safīr (m)	سفير
conseiller (m)	mustaʃār (m)	مستشار
fonctionnaire (m)	muwaẓẓaf (m)	موظّف
préfet (m)	ra'īs idārat al ḥayy (m)	رئيس إدارة الحيّ
maire (m)	ra'īs al baladiyya (m)	رئيس البلديّة
juge (m)	qāḍi (m)	قاض
procureur (m)	mudda'i (m)	مدّعٍ
missionnaire (m)	mubaʃʃir (m)	مبشّر
moine (m)	rāhib (m)	راهب
abbé (m)	ra'īs ad dayr (m)	رئيس الدير
rabbin (m)	ḥāχām (m)	حاخام
vizir (m)	wazīr (m)	وزير
shah (m)	ʃāh (m)	شاه
cheik (m)	ʃɛyχ (m)	شيخ

109. Les professions agricoles

apiculteur (m)	naḥḥāl (m)	نحّال
berger (m)	rā'i (m)	راع
agronome (m)	muhandis zirā'iy (m)	مهندس زراعيّ

| éleveur (m) | murabbi al mawāʃi (m) | مربّي المواشي |
| vétérinaire (m) | ṭabīb bayṭariy (m) | طبيب بيطريّ |

fermier (m)	muzāriʕ (m)	مزارع
vinificateur (m)	ṣāniʕ an nabīð (m)	صانع النبيذ
zoologiste (m)	xabīr fi ʕilm al ḥayawān (m)	خبير في علم الحيوان
cow-boy (m)	rāʕi al baqar (m)	راعي البقر

110. Les professions artistiques

| acteur (m) | mumaθθil (m) | ممثّل |
| actrice (f) | mumaθθila (f) | ممثّلة |

| chanteur (m) | muɣanni (m) | مغنّ |
| cantatrice (f) | muɣanniya (f) | مغنّية |

| danseur (m) | rāqiṣ (m) | راقص |
| danseuse (f) | rāqiṣa (f) | راقصة |

| artiste (m) | fannān (m) | فنّان |
| artiste (f) | fannāna (f) | فنّانة |

musicien (m)	ʕāzif (m)	عازف
pianiste (m)	ʕāzif biyānu (m)	عازف بيانو
guitariste (m)	ʕāzif gitār (m)	عازف جيتار

chef (m) d'orchestre	qāʾid urkistra (m)	قائد أركسترا
compositeur (m)	mulaḥḥin (m)	ملحّن
imprésario (m)	mudīr firqa (m)	مدير فرقة

metteur (m) en scène	muxriʒ (m)	مخرج
producteur (m)	muntiʒ (m)	منتج
scénariste (m)	kātib sināriyu (m)	كاتب سيناريو
critique (m)	nāqid (m)	ناقد

écrivain (m)	kātib (m)	كاتب
poète (m)	ʃāʕir (m)	شاعر
sculpteur (m)	naḥḥāt (m)	نحّات
peintre (m)	rassām (m)	رسّام

jongleur (m)	bahlawān (m)	بهلوان
clown (m)	muharriʒ (m)	مهرج
acrobate (m)	bahlawān (m)	بهلوان
magicien (m)	sāḥir (m)	ساحر

111. Les différents mètiers

médecin (m)	ṭabīb (m)	طبيب
infirmière (f)	mumarriḍa (f)	ممرّضة
psychiatre (m)	ṭabīb nafsiy (m)	طبيب نفسيّ
stomatologue (m)	ṭabīb al asnān (m)	طبيب الأسنان
chirurgien (m)	ʒarrāḥ (m)	جرّاح

astronaute (m)	rā'id faḍā' (m)	رائد فضاء
astronome (m)	'ālim falak (m)	عالم فلك
pilote (m)	ṭayyār (m)	طيّار

chauffeur (m)	sā'iq (m)	سائق
conducteur (m) de train	sā'iq (m)	سائق
mécanicien (m)	mikanīkiy (m)	ميكانيكيّ

mineur (m)	'āmil manʒam (m)	عامل منجم
ouvrier (m)	'āmil (m)	عامل
serrurier (m)	qaffāl (m)	قفّال
menuisier (m)	naʒʒār (m)	نجّار
tourneur (m)	xarrāṭ (m)	خرّاط
ouvrier (m) du bâtiment	'āmil binā' (m)	عامل بناء
soudeur (m)	laḥḥām (m)	لحّام

professeur (m) (titre)	brufissūr (m)	بروفيسور
architecte (m)	muhandis mi'māriy (m)	مهندس معماريّ
historien (m)	mu'arrix (m)	مؤرّخ
savant (m)	'ālim (m)	عالم
physicien (m)	fizyā'iy (m)	فيزيائيّ
chimiste (m)	kimyā'iy (m)	كيميائيّ

archéologue (m)	'ālim'āθār (m)	عالم آثار
géologue (m)	ʒiulūʒiy (m)	جيولوجيّ
chercheur (m)	bāḥiθ (m)	باحث

baby-sitter (m, f)	murabbiyat aṭfāl (f)	مربّية الأطفال
pédagogue (m, f)	mu'allim (m)	معلّم

rédacteur (m)	muḥarrir (m)	محرّر
rédacteur (m) en chef	ra'īs taḥrīr (m)	رئيس تحرير
correspondant (m)	murāsil (m)	مراسل
dactylographe (f)	kātiba 'alal 'āla al kātiba (f)	كاتبة على الآلة الكاتبة

designer (m)	muṣammim (m)	مصمّم
informaticien (m)	mutaxaṣṣiṣ bil kumbyūtir (m)	متخصّص بالكمبيوتر
programmeur (m)	mubarmiʒ (m)	مبرمج
ingénieur (m)	muhandis (m)	مهندس

marin (m)	baḥḥār (m)	بحّار
matelot (m)	baḥḥār (m)	بحّار
secouriste (m)	munqið (m)	منقذ

pompier (m)	raʒul iṭfā' (m)	رجل إطفاء
policier (m)	ʃurṭiy (m)	شرطيّ
veilleur (m) de nuit	ḥāris (m)	حارس
détective (m)	muḥaqqiq (m)	محقّق

douanier (m)	muwazzaf al ʒamārik (m)	موظّف الجمارك
garde (m) du corps	ḥāris ʃaxṣiy (m)	حارس شخصيّ
gardien (m) de prison	ḥāris siʒn (m)	حارس سجن
inspecteur (m)	mufattiʃ (m)	مفتّش

sportif (m)	riyāḍiy (m)	رياضيّ
entraîneur (m)	mudarrib (m)	مدرّب

boucher (m)	ʒazzār (m)	جزّار
cordonnier (m)	iskāfiy (m)	إسكافيّ
commerçant (m)	tāʒir (m)	تاجر
chargeur (m)	ḥammāl (m)	حمّال
couturier (m)	muṣammim azyā' (m)	مصمّم أزياء
modèle (f)	mudīl (f)	موديل

112. Les occupations. Le statut social

écolier (m)	tilmīð (m)	تلميذ
étudiant (m)	ṭālib (m)	طالب
philosophe (m)	faylasūf (m)	فيلسوف
économiste (m)	iqtiṣādiy (m)	إقتصاديّ
inventeur (m)	muxtariʿ (m)	مخترع
chômeur (m)	ʿāṭil (m)	عاطل
retraité (m)	mutaqāʿid (m)	متقاعد
espion (m)	ʒāsūs (m)	جاسوس
prisonnier (m)	saʒīn (m)	سجين
gréviste (m)	muḍrib (m)	مضرب
bureaucrate (m)	buruqrāṭiy (m)	بيوروقراطيّ
voyageur (m)	raḥḥāla (m)	رحّالة
homosexuel (m)	miθliy ʒinsiyyan (m)	مثليّ جنسيًا
hacker (m)	hākir (m)	هاكر
hippie (m, f)	hippi (m)	هيبيّ
bandit (m)	qāṭiʿ ṭarīq (m)	قاطع طريق
tueur (m) à gages	qātil ma'ʒūr (m)	قاتل مأجور
drogué (m)	mudmin muxaddirāt (m)	مدمن مخدّرات
trafiquant (m) de drogue	tāʒir muxaddirāt (m)	تاجر مخدّرات
prostituée (f)	ʿāhira (f)	عاهرة
souteneur (m)	qawwād (m)	قوّاد
sorcier (m)	sāḥir (m)	ساحر
sorcière (f)	sāḥira (f)	ساحرة
pirate (m)	qurṣān (m)	قرصان
esclave (m)	ʿabd (m)	عبد
samouraï (m)	samurāy (m)	ساموراي
sauvage (m)	mutawaḥḥiʃ (m)	متوحّش

Le sport

113. Les types de sports. Les sportifs

sportif (m)	riyāḍiy (m)	رياضيّ
type (m) de sport	naw' min ar riyāḍa (m)	نوع من الرياضة
basket-ball (m)	kurat as salla (f)	كرة السلّة
basketteur (m)	lā'ib kūrat as salla (m)	لاعب كرة السلّة
base-ball (m)	kurat al qā'ida (f)	كرة القاعدة
joueur (m) de base-ball	lā'ib kurat al qā'ida (m)	لاعب كرة القاعدة
football (m)	kurat al qadam (f)	كرة القدم
joueur (m) de football	lā'ib kurat al qadam (m)	لاعب كرة القدم
gardien (m) de but	ḥāris al marma (m)	حارس المرمى
hockey (m)	huki (m)	هوكي
hockeyeur (m)	lā'ib huki (m)	لاعب هوكي
volley-ball (m)	al kura aṭ ṭā'ira (m)	الكرة الطائرة
joueur (m) de volley-ball	lā'ib al kura aṭ ṭā'ira (m)	لاعب الكرة الطائرة
boxe (f)	mulākama (f)	ملاكمة
boxeur (m)	mulākim (m)	ملاكم
lutte (f)	muṣāra'a (f)	مصارعة
lutteur (m)	muṣāri' (m)	مصارع
karaté (m)	karatī (m)	كاراتيه
karatéka (m)	lā'ib karatī (m)	لاعب كاراتيه
judo (m)	ʒudu (m)	جودو
judoka (m)	lā'ib ʒudu (m)	لاعب جودو
tennis (m)	tinis (m)	تنس
joueur (m) de tennis	lā'ib tinnis (m)	لاعب تنس
natation (f)	sibāḥa (f)	سباحة
nageur (m)	sabbāḥ (m)	سبّاح
escrime (f)	musāyafa (f)	مسايفة
escrimeur (m)	mubāriz (m)	مبارز
échecs (m pl)	ʃaṭranʒ (m)	شطرنج
joueur (m) d'échecs	lā'ib ʃaṭranʒ (m)	لاعب شطرنج
alpinisme (m)	tasalluq al ʒibāl (m)	تسلّق الجبال
alpiniste (m)	mutasalliq al ʒibāl (m)	متسلّق الجبال
course (f)	ʒary (m)	جري

coureur (m)	'addā' (m)	عدَّاء
athlétisme (m)	al'āb al qiwa (pl)	ألعاب القوى
athlète (m)	lā'ib riyāḍiy (m)	لاعب رياضيّ
équitation (f)	riyāḍat al furūsiyya (f)	رياضة الفروسيَّة
cavalier (m)	fāris (m)	فارس
patinage (m) artistique	tazalluʒ fanniy 'alal ʒalīd (m)	تزلّج فنّيّ على الجليد
patineur (m)	mutazalliʒ fanniy (m)	متزلّج فنّيّ
patineuse (f)	mutazalliʒa fanniyya (f)	متزلّجة فنّية
haltérophilie (f)	raf' al aθqāl (m)	رفع الأثقال
haltérophile (m)	rāfi' al aθqāl (m)	رافع الأثقال
course (f) automobile	sibāq as sayyārāt (m)	سباق السيَّارات
pilote (m)	sā'iq sibāq (m)	سائق سباق
cyclisme (m)	sibāq ad darrāʒāt (m)	سباق الدرّاجات
cycliste (m)	lā'ib ad darrāʒāt (m)	لاعب الدرّاجات
sauts (m pl) en longueur	al qafz aṭ ṭawīl (m)	القفز الطويل
sauts (m pl) à la perche	al qafz biz zāna (m)	القفز بالزانة
sauteur (m)	qāfiz (m)	قافز

114. Les types de sports. Divers

football (m) américain	kurat al qadam (f)	كرة القدم
badminton (m)	kurat ar rīʃa (f)	كرة الريشة
biathlon (m)	al biatlūn (m)	البياثلون
billard (m)	bilyārdu (m)	بلياردو
bobsleigh (m)	zallāʒa ʒama'iyya (f)	زلّاجة جماعيّة
bodybuilding (m)	kamāl aʒsām (m)	كمال أجسام
water-polo (m)	kurat al mā' (f)	كرة الماء
handball (m)	kurat al yad (f)	كرة اليد
golf (m)	gūlf (m)	جولف
aviron (m)	taʒdīf (m)	تجذيف
plongée (f)	al ɣaws taḥt al mā' (m)	الغوص تحت الماء
course (f) à skis	riyāḍat al iski (f)	رياضة الإسكي
tennis (m) de table	kurat aṭ ṭāwila (f)	كرة الطاولة
voile (f)	riyāḍa ibḥār al marākib (f)	رياضة إبحار المراكب
rallye (m)	sibāq as sayyārāt (m)	سباق السيَّارات
rugby (m)	raɣbi (m)	رغبي
snowboard (m)	tazalluʒ 'laθ θulūʒ (m)	تزلّج على الثلوج
tir (m) à l'arc	rimāya (f)	رماية

115. La salle de sport

barre (f) à disques	ḥadīda (f)	حديدة
haltères (m pl)	dambilz (m)	دمبلز

appareil (m) d'entraînement	ʒihāz tadrīb (m)	جهاز تدريب
vélo (m) d'exercice	darrāʒat tadrīb (f)	دراجة تدريب
tapis (m) roulant	ʒihāz al maʃy (m)	جهاز المشي
barre (f) fixe	'uqla (f)	عقلة
barres (pl) parallèles	al mutawāzi (m)	المتوازي
cheval (m) d'Arçons	hisān al maqābiḍ (m)	حصان المقابض
tapis (m) gymnastique	ḥaṣīra (f)	حصيرة
corde (f) à sauter	ḥabl an naṭṭ (m)	حبل النطّ
aérobic (m)	at tamrīnāt al hiwā'iyya (pl)	التمرينات الهوائية
yoga (m)	yūga (f)	يوجا

116. Le sport. Divers

Jeux (m pl) olympiques	al'āb ulumbiyya (pl)	ألعاب أولمبيّة
gagnant (m)	fā'iz (m)	فائز
remporter (vt)	fāz	فاز
gagner (vi)	fāz	فاز
leader (m)	za'īm (m)	زعيم
prendre la tête	taqaddam	تقدّم
première place (f)	al martaba al ūla (f)	المرتبة الأولى
deuxième place (f)	al martaba aθ θāniya (f)	المرتبة الثانية
troisième place (f)	al martaba aθ θāliθa (f)	المرتبة الثالثة
médaille (f)	midāliyya (f)	ميداليّة
trophée (m)	ʒā'iza (f)	جائزة
coupe (f) (trophée)	ka's (m)	كأس
prix (m)	ʒā'iza (f)	جائزة
prix (m) principal	akbar ʒā'iza (f)	أكبر جائزة
record (m)	raqm qiyāsiy (m)	رقم قياسيّ
établir un record	fāz bi raqm qiyāsiy	فاز برقم قياسيّ
finale (f)	mubarāt nihā'iyya (f)	مباراة نهائيّة
final (adj)	nihā'iy	نهائيّ
champion (m)	baṭal (m)	بطل
championnat (m)	buṭūla (f)	بطولة
stade (m)	mal'ab (m)	ملعب
tribune (f)	mudarraʒ (m)	مدرّج
supporteur (m)	muʃaʒʒi' (m)	مشجّع
adversaire (m)	'aduww (m)	عدوّ
départ (m)	xaṭṭ al bidāya (m)	خطّ البداية
ligne (f) d'arrivée	xaṭṭ an nihāya (m)	خطّ النهاية
défaite (f)	hazīma (f)	هزيمة
perdre (vi)	xasir	خسر
arbitre (m)	ḥakam (m)	حكم
jury (m)	hay'at al ḥukm (f)	هيئة الحكم

score (m)	natīʒa (f)	نتيجة
match (m) nul	taʿādul (m)	تعادل
faire match nul	taʿādal	تعادل
point (m)	nuqṭa (f)	نقطة
résultat (m)	natīʒa nihāʾiyya (f)	نتيجة نهائية
période (f)	ʃawṭ (m)	شوط
mi-temps (f) (pause)	istirāḥa ma bayn aʃ ʃawṭayn (f)	إستراحة ما بين الشوطين
dopage (m)	munaʃʃiṭāt (pl)	منشّطات
pénaliser (vt)	ʿāqab	عاقب
disqualifier (vt)	ḥaram	حرم
agrès (m)	maʿadd riyāḍiy (f)	معدّ رياضيّ
lance (f)	rumḥ (m)	رمح
poids (m) (boule de métal)	ʒulla (f)	جلّة
bille (f) (de billard, etc.)	kura (f)	كرة
but (cible)	hadaf (m)	هدف
cible (~ en papier)	hadaf (m)	هدف
tirer (vi)	aṭlaq an nār	أطلق النار
précis (un tir ~)	maḍbūṭ	مضبوط
entraîneur (m)	mudarrib (m)	مدرّب
entraîner (vt)	darrab	درّب
s'entraîner (vp)	tadarrab	تدرّب
entraînement (m)	tadrīb (m)	تدريب
salle (f) de gym	markaz li liyāqa badaniyya (m)	مركز للياقة بدنيّة
exercice (m)	tamrīn (m)	تمرين
échauffement (m)	tasχīn (m)	تسخين

L'éducation

117. L'éducation

école (f)	madrasa (f)	مدرسة
directeur (m) d'école	mudīr madrasa (m)	مدير مدرسة
élève (m)	tilmīð (m)	تلميذ
élève (f)	tilmīða (f)	تلميذة
écolier (m)	tilmīð (m)	تلميذ
écolière (f)	tilmīða (f)	تلميذة
enseigner (vt)	'allam	علّم
apprendre (~ l'arabe)	ta'allam	تعلّم
apprendre par cœur	ḥafaẓ	حفظ
apprendre (à faire qch)	ta'allam	تعلّم
être étudiant, -e	daras	درس
aller à l'école	ðahab ilal madrasa	ذهب إلى المدرسة
alphabet (m)	alifbā' (m)	الفباء
matière (f)	mādda (f)	مادّة
salle (f) de classe	faṣl (m)	فصل
leçon (f)	dars (m)	درس
récréation (f)	istirāḥa (f)	إستراحة
sonnerie (f)	ʒaras al madrasa (m)	جرس المدرسة
pupitre (m)	taχta lil madrasa (m)	تخة للمدرسة
tableau (m) noir	sabbūra (f)	سبّورة
note (f)	daraʒa (f)	درجة
bonne note (f)	daraʒa ʒayyida (f)	درجة جيّدة
mauvaise note (f)	daraʒa γayr ʒayyida (f)	درجة غير جيّدة
donner une note	a'ṭa daraʒa	أعطى درجة
faute (f)	χaṭa' (m)	خطأ
faire des fautes	aχṭa'	أخطأ
corriger (une erreur)	ṣaḥḥaḥ	صحّح
antisèche (f)	waraqat γaʃʃ (f)	ورقة غشّ
devoir (m)	wāʒib manziliy (m)	واجب منزليّ
exercice (m)	tamrīn (m)	تمرين
être présent	ḥaḍar	حضر
être absent	γāb	غاب
manquer l'école	taγayyab 'an al madrasa	تغيّب عن المدرسة
punir (vt)	'āqab	عاقب
punition (f)	'uqūba (f), 'iqāb (m)	عقوبة, عقاب
conduite (f)	sulūk (m)	سلوك

carnet (m) de notes	at taqrīr al madrasiy (m)	التقرير المدرسيّ
crayon (m)	qalam ruṣāṣ (m)	قلم رصاص
gomme (f)	astīka (f)	أستيكة
craie (f)	ṭabāʃīr (m)	طباشير
plumier (m)	maqlama (f)	مقلمة
cartable (m)	ʃanṭat al madrasa (f)	شنطة المدرسة
stylo (m)	qalam (m)	قلم
cahier (m)	daftar (m)	دفتر
manuel (m)	kitāb taʿlīm (m)	كتاب تعليم
compas (m)	barʒal (m)	برجل
dessiner (~ un plan)	rasam rasm taqniy	رسم رسمًا تقنيًا
dessin (m) technique	rasm taqniy (m)	رسم تقنيّ
poésie (f)	qaṣīda (f)	قصيدة
par cœur (adv)	ʿan ẓahr qalb	عن ظهر قلب
apprendre par cœur	ḥafaẓ	حفظ
vacances (f pl)	ʿuṭla madrasiyya (f)	عطلة مدرسيّة
être en vacances	ʿindahu ʿuṭla	عنده عطلة
passer les vacances	qaḍa al ʿuṭla	قضى العطلة
interrogation (f) écrite	imtiḥān (m)	إمتحان
composition (f)	inʃāʾ (m)	إنشاء
dictée (f)	imlāʾ (m)	إملاء
examen (m)	imtiḥān (m)	إمتحان
passer les examens	marr al imtiḥān	مرّ الإمتحان
expérience (f) (~ de chimie)	taʒriba (f)	تجربة

118. L'enseignement supérieur

académie (f)	akadīmiyya (f)	أكاديميّة
université (f)	ʒāmiʿa (f)	جامعة
faculté (f)	kulliyya (f)	كليّة
étudiant (m)	ṭālib (m)	طالب
étudiante (f)	ṭāliba (f)	طالبة
enseignant (m)	muḥāḍir (m)	محاضر
salle (f)	mudarraʒ (m)	مدرّج
licencié (m)	mutaxarriʒ (m)	متخرّج
diplôme (m)	diblūma (f)	دبلومة
thèse (f)	risāla ʿilmiyya (f)	رسالة علميّة
étude (f)	dirāsa (f)	دراسة
laboratoire (m)	muxtabar (m)	مختبر
cours (m)	muḥāḍara (f)	محاضرة
camarade (m) de cours	zamīl fiṣ ṣaff (m)	زميل في الصفّ
bourse (f)	minḥa dirāsiyya (f)	منحة دراسيّة
grade (m) universitaire	daraʒa ʿilmiyya (f)	درجة علميّة

119. Les disciplines scientifiques

mathématiques (f pl)	riyāḍīyyāt (pl)	رياضيّات
algèbre (f)	al ʒabr (m)	الجبر
géométrie (f)	handasa (f)	هندسة
astronomie (f)	'ilm al falak (m)	علم الفلك
biologie (f)	'ilm al aḥyāʼ (m)	علم الأحياء
géographie (f)	ʒuɣrāfiya (f)	جغرافيا
géologie (f)	ʒiulūʒiya (f)	جيولوجيا
histoire (f)	tarīχ (m)	تاريخ
médecine (f)	ṭibb (m)	طبّ
pédagogie (f)	'ilm at tarbiya (f)	علم التربية
droit (m)	qānūn (m)	قانون
physique (f)	fizyāʼ (f)	فيزياء
chimie (f)	kimyāʼ (f)	كيمياء
philosophie (f)	falsafa (f)	فلسفة
psychologie (f)	'ilm an nafs (m)	علم النفس

120. Le système d'écriture et l'orthographe

grammaire (f)	an naḥw waṣ ṣarf (m)	النحو والصرف
vocabulaire (m)	mufradāt al luɣa (pl)	مفردات اللغة
phonétique (f)	ṣawtīyyāt (pl)	صوتيّات
nom (m)	ism (m)	إسم
adjectif (m)	ṣifa (f)	صفة
verbe (m)	fiʻl (m)	فعل
adverbe (m)	ẓarf (m)	ظرف
pronom (m)	ḍamīr (m)	ضمير
interjection (f)	ḥarf nidāʼ (m)	حرف نداء
préposition (f)	ḥarf al ʒarr (m)	حرف الجرّ
racine (f)	ʒiðr al kalima (m)	جذر الكلمة
terminaison (f)	nihāya (f)	نهاية
préfixe (m)	sābiqa (f)	سابقة
syllabe (f)	maqṭaʻ lafẓiy (m)	مقطع لفظيّ
suffixe (m)	lāḥiqa (f)	لاحقة
accent (m) tonique	nabra (f)	نبرة
apostrophe (f)	'alāmat ḥaðf (f)	علامة حذف
point (m)	nuqṭa (f)	نقطة
virgule (f)	fāṣila (f)	فاصلة
point (m) virgule	nuqṭa wa fāṣila (f)	نقطة وفاصلة
deux-points (m)	nuqṭatān raʼsiyyatān (du)	نقطتان رأسيتان
points (m pl) de suspension	θalāθ nuqaṭ (pl)	ثلاث نقط
point (m) d'interrogation	'alāmat istifhām (f)	علامة إستفهام
point (m) d'exclamation	'alāmat taʻaʒʒub (f)	علامة تعجّب

guillemets (m pl)	'alāmāt al iqtibās (pl)	علامات الإقتباس
entre guillemets	bayn 'alāmatay al iqtibās	بين علامتي الإقتباس
parenthèses (f pl)	qawsān (du)	قوسان
entre parenthèses	bayn al qawsayn	بين القوسين

trait (m) d'union	'alāmat waṣl (f)	علامة وصل
tiret (m)	ʃurṭa (f)	شرطة
blanc (m)	farāɣ (m)	فراغ

| lettre (f) | ḥarf (m) | حرف |
| majuscule (f) | ḥarf kabīr (m) | حرف كبير |

| voyelle (f) | ḥarf ṣawtiy (m) | حرف صوتيّ |
| consonne (f) | ḥarf sākin (m) | حرف ساكن |

proposition (f)	ʒumla (f)	جملة
sujet (m)	fāʿil (m)	فاعل
prédicat (m)	musnad (m)	مسند

ligne (f)	saṭr (m)	سطر
à la ligne	min bidāyat as saṭr	من بداية السطر
paragraphe (m)	fiqra (f)	فقرة

mot (m)	kalima (f)	كلمة
groupe (m) de mots	maʒmūʿa min al kalimāt (pl)	مجموعة من الكلمات
expression (f)	'ibāra (f)	عبارة
synonyme (m)	murādif (m)	مرادف
antonyme (m)	mutaḍādd luɣawiy (m)	متضادّ

règle (f)	qāʿida (f)	قاعدة
exception (f)	istiθnāʾ (m)	إستثناء
correct (adj)	ṣaḥīḥ	صحيح

conjugaison (f)	ṣarf (m)	صرف
déclinaison (f)	taṣrīf al asmāʾ (m)	تصريف الأسماء
cas (m)	ḥāla ismiyya (f)	حالة إسميّة
question (f)	suʾāl (m)	سؤال
souligner (vt)	waḍaʿ ḫaṭṭ taḥt	وضع خطًا تحت
pointillé (m)	ḫaṭṭ munaqqaṭ (m)	خط منقّط

121. Les langues étrangères

langue (f)	luɣa (f)	لغة
étranger (adj)	aʒnabiy	أجنبيّ
langue (f) étrangère	luɣa aʒnabiyya (f)	لغة أجنبيّة
étudier (vt)	daras	درس
apprendre (~ l'arabe)	taʿallam	تعلّم

lire (vi, vt)	qaraʾ	قرأ
parler (vi, vt)	takallam	تكلّم
comprendre (vt)	fahim	فهم
écrire (vt)	katab	كتب
vite (adv)	bi surʿa	بسرعة
lentement (adv)	bi buṭʾ	ببطء

couramment (adv)	bi ṭalāqa	بطلاقة
règles (f pl)	qawā'id (pl)	قواعد
grammaire (f)	an naḥw waṣ ṣarf (m)	النحو والصرف
vocabulaire (m)	mufradāt al luɣa (pl)	مفردات اللغة
phonétique (f)	ṣawtīyyāt (pl)	صوتيّات
manuel (m)	kitāb taʻlīm (m)	كتاب تعليم
dictionnaire (m)	qāmūs (m)	قاموس
manuel (m) autodidacte	kitāb taʻlīm ðātiy (m)	كتاب تعليم ذاتيّ
guide (m) de conversation	kitāb lil ʻibārāt aʃ ʃāʼiʻa (m)	كتاب للعبارت الشائعة
cassette (f)	ʃarīṭ (m)	شريط
cassette (f) vidéo	ʃarīṭ vidiyu (m)	شريط فيديو
CD (m)	si di (m)	سي دي
DVD (m)	di vi di (m)	دي في دي
alphabet (m)	alifbāʼ (m)	الفباء
épeler (vt)	tahaʒʒa	تهجّى
prononciation (f)	nuṭq (m)	نطق
accent (m)	lukna (f)	لكنة
avec un accent	bi lukna	بلكنة
sans accent	bi dūn lukna	بدون لكنة
mot (m)	kalima (f)	كلمة
sens (m)	maʻna (m)	معنى
cours (m pl)	dawra (f)	دورة
s'inscrire (vp)	saʒʒal ismahu	سجّل إسمه
professeur (m) (~ d'anglais)	mudarris (m)	مدرّس
traduction (f) (action)	tarʒama (f)	ترجمة
traduction (f) (texte)	tarʒama (f)	ترجمة
traducteur (m)	mutarʒim (m)	مترجم
interprète (m)	mutarʒim fawriy (m)	مترجم فوريّ
polyglotte (m)	ʻalīm bi ʻiddat luɣāt (m)	عليم بعدّة لغات
mémoire (f)	ðākira (f)	ذاكرة

122. Les personnages de contes de fées

Père Noël (m)	baba nuwīl (m)	بابا نويل
Cendrillon (f)	sindrīla	سيندريلا
sirène (f)	ḥūriyyat al baḥr (f)	حوريّة البحر
Neptune (m)	nibtūn (m)	نبتون
magicien (m)	sāḥir (m)	ساحر
fée (f)	sāḥira (f)	ساحرة
magique (adj)	siḥriy	سحريّ
baguette (f) magique	ʻaṣa siḥriyya (f)	عصا سحريّة
conte (m) de fées	ḥikāya xayāliyya (f)	حكاية خياليّة
miracle (m)	muʻʒiza (f)	معجزة
gnome (m)	qazam (m)	قزم

se transformer en …	taḥawwal ila …	تحوّل إلى...
esprit (m) (revenant)	ʃabaḥ (m)	شبح
fantôme (m)	ʃabaḥ (m)	شبح
monstre (m)	waḥʃ (m)	وحش
dragon (m)	tinnīn (m)	تنّين
géant (m)	ʿimlāq (m)	عملاق

123. Les signes du zodiaque

Bélier (m)	burʒ al ḥamal (m)	برج الحمل
Taureau (m)	burʒ aθ θawr (m)	برج الثور
Gémeaux (m pl)	burʒ al ʒawzā' (m)	برج الجوزاء
Cancer (m)	burʒ as saraṭān (m)	برج السرطان
Lion (m)	burʒ al asad (m)	برج الأسد
Vierge (f)	burʒ al ʿaðrā' (m)	برج العذراء
Balance (f)	burʒ al mīzān (m)	برج الميزان
Scorpion (m)	burʒ al ʿaqrab (m)	برج العقرب
Sagittaire (m)	burʒ qaws (m)	برج القوس
Capricorne (m)	burʒ al ʒaday (m)	برج الجدي
Verseau (m)	burʒ ad dalw (m)	برج الدلو
Poissons (m pl)	burʒ al ḥūt (m)	برج الحوت
caractère (m)	ṭabʿ (m)	طبع
traits (m pl) du caractère	aṣ ṣifāt aʃ ʃaxṣiyya (pl)	الصفات الشخصيّة
conduite (f)	sulūk (m)	سلوك
dire la bonne aventure	tanabba'	تنبّأ
diseuse (f) de bonne aventure	ʿarrāfa (f)	عرّافة
horoscope (m)	tawaqquʿāt al abrāʒ (pl)	توقّعات الأبراج

L'art

124. Le théâtre

théâtre (m)	masraḥ (m)	مسرح
opéra (m)	ubra (f)	أوبرا
opérette (f)	ubirīt (f)	أوبريت
ballet (m)	balīh (m)	باليه
affiche (f)	mulṣaq (m)	ملصق
troupe (f) de théâtre	firqa (f)	فرقة
tournée (f)	ӡawlat fannānīn (f)	جولة فنّانين
être en tournée	taӡawwal	تجوّل
répéter (vt)	aӡra bruvāt	أجرى بروفات
répétition (f)	brūva (f)	بروفة
répertoire (m)	barnāmaӡ al masraḥ (m)	برنامج المسرح
représentation (f)	adā' fanniy (m)	أداء فنّيّ
spectacle (m)	'arḍ masraḥiy (m)	عرض مسرحيّ
pièce (f) de théâtre	masraḥiyya (f)	مسرحيّة
billet (m)	taðkira (f)	تذكرة
billetterie (f pl)	ʃubbāk at taðākir (m)	شبّاك التذاكر
hall (m)	ṣāla (f)	صالة
vestiaire (m)	ɣurfat al ma'āṭif (f)	غرفة المعاطف
jeton (m) de vestiaire	biṭāqat 'īdā' al ma'āṭif (f)	بطاقة إيداع المعاطف
jumelles (f pl)	minẓār (m)	منظار
placeur (m)	ḥāӡib (m)	حاجب
parterre (m)	karāsi al urkistra (pl)	كراسي الأوركسترا
balcon (m)	balakūna (f)	بلكونة
premier (m) balcon	ʃurfa (f)	شرفة
loge (f)	lūӡ (m)	لوج
rang (m)	ṣaff (m)	صفّ
place (f)	maq'ad (m)	مقعد
public (m)	ӡumhūr (m)	جمهور
spectateur (m)	muʃāhid (m)	مشاهد
applaudir (vi)	ṣaffaq	صفّق
applaudissements (m pl)	taṣfīq (m)	تصفيق
ovation (f)	taṣfīq ḥārr (m)	تصفيق حارّ
scène (f) (monter sur ~)	xaʃabat al masraḥ (f)	خشبة المسرح
rideau (m)	sitāra (f)	ستارة
décor (m)	dikūr (m)	ديكور
coulisses (f pl)	kawalīs (pl)	كواليس
scène (f) (la dernière ~)	maʃhad (m)	مشهد
acte (m)	faṣl (m)	فصل
entracte (m)	istirāḥa (f)	إستراحة

125. Le cinéma

acteur (m)	mumaθθil (m)	ممثّل
actrice (f)	mumaθθila (f)	ممثّلة
cinéma (m) (industrie)	sinima (f)	سينما
film (m)	film sinimã'iy (m)	فيلم سينمائيّ
épisode (m)	ӡuz' min al film (m)	جزء من الفيلم
film (m) policier	film bulīsiy (m)	فيلم بوليسيّ
film (m) d'action	film ḥaraka (m)	فيلم حركة
film (m) d'aventures	film muɣãmarāt (m)	فيلم مغامرات
film (m) de science-fiction	film ɣayāl 'ilmiy (m)	فيلم خيال علميّ
film (m) d'horreur	film ru'b (m)	فيلم رعب
comédie (f)	film kumīdiya (f)	فيلم كوميديا
mélodrame (m)	miludrāma (m)	ميلودراما
drame (m)	drāma (f)	دراما
film (m) de fiction	film fanniy (m)	فيلم فنّيّ
documentaire (m)	film waθā'iqiy (m)	فيلم وثائقيّ
dessin (m) animé	film kartūn (m)	فيلم كرتون
cinéma (m) muet	sinima ṣāmita (f)	سينما صامتة
rôle (m)	dawr (m)	دور
rôle (m) principal	dawr ra'īsi (m)	دور رئيسي
jouer (vt)	maθθal	مثّل
vedette (f)	naӡm sinimã'iy (m)	نجم سينمائيّ
connu (adj)	ma'rūf	معروف
célèbre (adj)	maʃhūr	مشهور
populaire (adj)	maḥbūb	محبوب
scénario (m)	sinãriyu (m)	سيناريو
scénariste (m)	kātib sinãriyu (m)	كاتب سيناريو
metteur (m) en scène	muɣriӡ (m)	مخرج
producteur (m)	muntiӡ (m)	منتج
assistant (m)	musā'id (m)	مساعد
opérateur (m)	muṣawwir (m)	مصوّر
cascadeur (m)	mu'addi maʃahid ɣaṭīra (m)	مؤدّي مشاهد خطيرة
doublure (f)	mumaθθil badīl (m)	ممثّل بديل
tourner un film	ṣawwar film	صوّر فيلمًا
audition (f)	taӡribat adã' (f)	تجربة أداء
tournage (m)	taṣwīr (m)	تصوير
équipe (f) de tournage	ṭāqim al film (m)	طاقم الفيلم
plateau (m) de tournage	mintaqat at taṣwīr (f)	منطقة التصوير
caméra (f)	kamira sinimã'iyya (f)	كاميرا سينمائية
cinéma (m)	sinima (f)	سينما
écran (m)	ʃāʃa (f)	شاشة
donner un film	'araḍ film	عرض فيلمًا
piste (f) sonore	musīqa taṣwīriyya (f)	موسيقى تصويرية
effets (m pl) spéciaux	mu'aθθirāt ɣāṣṣa (pl)	مؤثّرات خاصّة

sous-titres (m pl)	tarʒamat al ḥiwār (f)	ترجمة الحوار
générique (m)	ʃārat an nihāya (f)	شارة النهاية
traduction (f)	tarʒama (f)	ترجمة

126. La peinture

art (m)	fann (m)	فنّ
beaux-arts (m pl)	funūn ʒamīla (pl)	فنون جميلة
galerie (f) d'art	maʿraḍ fanniy (m)	معرض فنّيّ
exposition (f) d'art	maʿraḍ fanniy (m)	معرض فنّي
peinture (f)	taṣwīr (m)	تصوير
graphique (f)	rusūmiyyāt (pl)	رسوميّات
art (m) abstrait	fann taʒrīdiy (m)	فنّ تجريديّ
impressionnisme (m)	al intibāʿiyya (f)	الإنطباعيّة
tableau (m)	lawḥa (f)	لوحة
dessin (m)	rasm (m)	رسم
poster (m)	mulṣaq iʿlāniy (m)	ملصق إعلانيّ
illustration (f)	rasm tawḍīḥiy (m)	رسم توضيحيّ
miniature (f)	ṣūra muṣaɣɣara (f)	صورة مصغّرة
copie (f)	nusχa (f)	نسخة
reproduction (f)	nusχa ṭibq al aṣl (f)	نسخة طبق الأصل
mosaïque (f)	fusayfisāʾ (f)	فسيفساء
vitrail (m)	zuʒāʒ muʿaʃʃaq (m)	زجاج معشّق
fresque (f)	taṣwīr ʒiṣṣiy (m)	تصوير جصّيّ
gravure (f)	naqʃ (m)	نقش
buste (m)	timθāl niṣfiy (m)	تمثال نصفيّ
sculpture (f)	naḥt (m)	نحت
statue (f)	timθāl (m)	تمثال
plâtre (m)	ʒībs (m)	جيبس
en plâtre	min al ʒībs	من الجيبس
portrait (m)	burtrī (m)	بورتريه
autoportrait (m)	burtrīh ðātiy (m)	بورتريه ذاتيّ
paysage (m)	lawḥat manẓar ṭabīʿiy (f)	لوحة منظر طبيعيّ
nature (f) morte	ṭabīʿa ṣāmita (f)	طبيعة صامتة
caricature (f)	ṣūra karikaturiyya (f)	صورة كاريكاتوريّة
croquis (m)	rasm tamhīdiy (m)	رسم تمهيديّ
peinture (f)	lawn (m)	لون
aquarelle (f)	alwān māʿiyya (m)	ألوان مائية
huile (f)	zayt (m)	زيت
crayon (m)	qalam ruṣāṣ (m)	قلم رصاص
encre (f) de Chine	ḥibr hindiy (m)	حبر هنديّ
fusain (m)	faḥm (m)	فحم
dessiner (vi, vt)	rasam	رسم
peindre (vi, vt)	rasam	رسم
poser (vi)	qaʿad	قعد
modèle (m)	mudil ḥay (m)	موديل حيّ

modèle (f)	mudil ḥay (m)	موديل حيّ
peintre (m)	rassām (m)	رسّام
œuvre (f) d'art	'amal fanniy (m)	عمل فنّيّ
chef (m) d'œuvre	tuḥfa fanniyya (f)	تحفة فنّية
atelier (m) d'artiste	warʃa (f)	ورشة
toile (f)	kanava (f)	كانفا
chevalet (m)	musnad ar rasm (m)	مسند الرسم
palette (f)	lawḥat al alwān (f)	لوحة الألوان
encadrement (m)	iṭār (m)	إطار
restauration (f)	tarmīm (m)	ترميم
restaurer (vt)	rammam	رمّم

127. La littérature et la poésie

littérature (f)	adab (m)	أدب
auteur (m) (écrivain)	mu'allif (m)	مؤلّف
pseudonyme (m)	ism musta'ār (m)	إسم مستعار
livre (m)	kitāb (m)	كتاب
volume (m)	muʒallad (m)	مجلّد
table (f) des matières	fihris (m)	فهرس
page (f)	ṣafḥa (f)	صفحة
protagoniste (m)	aʃ ʃaxṣiyya ar ra'īsiyya (f)	الشخصيّة الرئيسيّة
autographe (m)	tawqī' al mu'allif (m)	توقيع المؤلّف
récit (m)	qiṣṣa qaṣīra (f)	قصّة قصيرة
nouvelle (f)	qiṣṣa (f)	قصّة
roman (m)	riwāya (f)	رواية
œuvre (f) littéraire	mu'allif (m)	مؤلّف
fable (f)	ḥikāya (f)	حكاية
roman (m) policier	riwāya bulīsiyya (f)	رواية بوليسيّة
vers (m)	qaṣīda (f)	قصيدة
poésie (f)	ʃi'r (m)	شعر
poème (m)	qaṣīda (f)	قصيدة
poète (m)	ʃā'ir (m)	شاعر
belles-lettres (f pl)	adab ʒamīl (m)	أدب جميل
science-fiction (f)	xayāl 'ilmiy (m)	خيال علميّ
aventures (f pl)	adab al muɣāmarāt (m)	أدب المغامرات
littérature (f) didactique	adab tarbawiy (m)	أدب تربويّ
littérature (f) pour enfants	adab al aṭfāl (m)	أدب الأطفال

128. Le cirque

cirque (m)	sirk (m)	سيرك
chapiteau (m)	sirk mutanaqqil (m)	سيرك متنقّل
programme (m)	barnāmaʒ (m)	برنامج
représentation (f)	adā' fanniy (m)	أداء فنّيّ
numéro (m)	dawr (m)	دور

arène (f)	ḥalbat as sirk (f)	حلبة السيرك
pantomime (f)	'arḍ 'īmā'y (m)	عرض إيمائي
clown (m)	muharriʒ (m)	مهرّج
acrobate (m)	bahlawān (m)	بهلوان
acrobatie (f)	al'āb bahlawāniyya (f)	ألعاب بهلوانيّة
gymnaste (m)	lā'ib ʒumbāz (m)	لاعب جنباز
gymnastique (f)	ʒumbāz (m)	جنباز
salto (m)	ʃaqlaba (f)	شقلبة
hercule (m)	lā'ib riyāḍiy (m)	لاعب رياضيّ
dompteur (m)	murawwiḍ (m)	مروّض
écuyer (m)	fāris (m)	فارس
assistant (m)	musā'id (m)	مساعد
truc (m)	al'āb bahlawāniyya (f)	ألعاب بهلوانيّة
tour (m) de passe-passe	xid'a siḥriyya (f)	خدعة سحريّة
magicien (m)	sāḥir (m)	ساحر
jongleur (m)	bahlawān (m)	بهلوان
jongler (vi)	la'ib bi kurāt 'adīda	لعب بكرات عديدة
dresseur (m)	mudarrib ḥayawānāt (m)	مدرّب حيوانات
dressage (m)	tadrīb al ḥayawānāt (m)	تدريب الحيوانات
dresser (vt)	darrab	درّب

129. La musique

musique (f)	musīqa (f)	موسيقى
musicien (m)	'āzif (m)	عازف
instrument (m) de musique	'āla musiqiyya (f)	آلة موسيقيّة
jouer de …	'azaf …	عزف...
guitare (f)	gitār (m)	جيتار
violon (m)	kamān (m)	كمان
violoncelle (m)	tʃīlu (m)	تشيلو
contrebasse (f)	kamān aʒhar (m)	كمان أجهر
harpe (f)	qiθār (m)	قيثار
piano (m)	biānu (m)	بيانو
piano (m) à queue	biānu kibīr (m)	بيانو كبير
orgue (m)	arɣan (m)	أرغن
instruments (m pl) à vent	'ālāt nafxiyya (pl)	آلات نفخيّة
hautbois (m)	ubwa (m)	أوبوا
saxophone (m)	saksufūn (m)	ساكسوفون
clarinette (f)	klarnīt (m)	كلارنيت
flûte (f)	flut (m)	فلوت
trompette (f)	būq (m)	بوق
accordéon (m)	ukurdiūn (m)	أكورديون
tambour (m)	ṭabla (f)	طبلة
duo (m)	θunā'iy (m)	ثنائيّ
trio (m)	θulāθy (m)	ثلاثيّ

quartette (m)	rubā'iy (m)	رباعيّ
chœur (m)	χūrus (m)	خورس
orchestre (m)	urkistra (f)	أوركسترا
musique (f) pop	musīqa al bub (f)	موسيقى البوب
musique (f) rock	musīqa ar rūk (f)	موسيقى الروك
groupe (m) de rock	firqat ar rūk (f)	فرقة الروك
jazz (m)	ʒāz (m)	جاز
idole (f)	ma'būd (m)	معبود
admirateur (m)	mu'ʒab (m)	معجب
concert (m)	ḥafla mūsiqiyya (f)	حفلة موسيقيّة
symphonie (f)	simfūniyya (f)	سمفونيّة
œuvre (f) musicale	qiṭ'a mūsiqiyya (f)	قطعة موسيقيّة
composer (vt)	allaf	ألّف
chant (m) (~ d'oiseau)	ɣinā' (m)	غناء
chanson (f)	uɣniyya (f)	أغنيّة
mélodie (f)	laḥn (m)	لحن
rythme (m)	'īqā' (m)	إيقاع
blues (m)	musīqa al blūz (f)	موسيقى البلوز
notes (f pl)	nutāt (pl)	نوتات
baguette (f)	'aṣa al mayistru (m)	عصا المايسترو
archet (m)	qaws (m)	قوس
corde (f)	watar (m)	وتر
étui (m)	ʃanṭa (f)	شنطة

Les loisirs. Les voyages

130. Les voyages. Les excursions

tourisme (m)	siyāḥa (f)	سياحة
touriste (m)	sā'iḥ (m)	سائح
voyage (m) (à l'étranger)	riḥla (f)	رحلة
aventure (f)	muɣāmara (f)	مغامرة
voyage (m)	riḥla (f)	رحلة
vacances (f pl)	'uṭla (f)	عطلة
être en vacances	'indahu 'uṭla	عنده عطلة
repos (m) (jours de ~)	istirāḥa (f)	إستراحة
train (m)	qiṭār (m)	قطار
en train	bil qiṭār	بالقطار
avion (m)	ṭā'ira (f)	طائرة
en avion	biṭ ṭā'ira	بالطائرة
en voiture	bis sayyāra	بالسيّارة
en bateau	bis safīna	بالسفينة
bagage (m)	aʃ ʃunaṭ (pl)	الشنط
malle (f)	ḥaqībat safar (f)	حقيبة سفر
chariot (m)	'arabat ʃunaṭ (f)	عربة شنط
passeport (m)	ʒawāz as safar (m)	جواز السفر
visa (m)	ta'ʃīra (f)	تأشيرة
ticket (m)	taðkira (f)	تذكرة
billet (m) d'avion	taðkirat ṭā'ira (f)	تذكرة طائرة
guide (m) (livre)	dalīl (m)	دليل
carte (f)	xarīṭa (f)	خريطة
région (f) (~ rurale)	minṭaqa (f)	منطقة
endroit (m)	makān (m)	مكان
exotisme (m)	ɣarāba (f)	غرابة
exotique (adj)	ɣarīb	غريب
étonnant (adj)	mudhiʃ	مدهش
groupe (m)	maʒmū'a (f)	مجموعة
excursion (f)	ʒawla (f)	جولة
guide (m) (personne)	murʃid (m)	مرشد

131. L'hôtel

hôtel (m)	funduq (m)	فندق
motel (m)	mutīl (m)	موتيل
3 étoiles	θalāθat nuʒūm	ثلاثة نجوم

5 étoiles	χamsat nuʒūm	خمسة نجوم
descendre (à l'hôtel)	nazal	نزل
chambre (f)	γurfa (f)	غرفة
chambre (f) simple	γurfa li ʃaχʂ wāḥid (f)	غرفة لشخص واحد
chambre (f) double	γurfa li ʃaχʂayn (f)	غرفة لشخصين
réserver une chambre	ḥaʒaz γurfa	حجز غرفة
demi-pension (f)	waʒbitān fil yawm (du)	وجبتان في اليوم
pension (f) complète	θalāθ waʒabāt fil yawm	ثلاث وجبات في اليوم
avec une salle de bain	bi ḥawḍ al istiḥmām	بحوض الإستحمام
avec une douche	bid duʃ	بالدوش
télévision (f) par satellite	tilivizyūn faḍā'iy (m)	تلفزيون فضائيّ
climatiseur (m)	takyīf (m)	تكييف
serviette (f)	fūṭa (f)	فوطة
clé (f)	miftāḥ (m)	مفتاح
administrateur (m)	mudīr (m)	مدير
femme (f) de chambre	'āmilat tanẓīf γuraf (f)	عاملة تنظيف غرف
porteur (m)	ḥammāl (m)	حمّال
portier (m)	bawwāb (m)	بوّاب
restaurant (m)	maṭ'am (m)	مطعم
bar (m)	bār (m)	بار
petit déjeuner (m)	fuṭūr (m)	فطور
dîner (m)	'aʃā' (m)	عشاء
buffet (m)	bufīh (m)	بوفيه
hall (m)	radha (f)	ردهة
ascenseur (m)	miṣ'ad (m)	مصعد
PRIÈRE DE NE PAS DÉRANGER	ar raʒā' 'adam al izʿāʒ	الرجاء عدم الإزعاج
DÉFENSE DE FUMER	mamnū' at tadχīn	ممنوع التدخين

132. Le livre. La lecture

livre (m)	kitāb (m)	كتاب
auteur (m)	mu'allif (m)	مؤلّف
écrivain (m)	kātib (m)	كاتب
écrire (~ un livre)	allaf	ألّف
lecteur (m)	qāri' (m)	قارئ
lire (vi, vt)	qara'	قرأ
lecture (f)	qirā'a (f)	قراءة
à part soi	sirran	سرًّا
à haute voix	bi ṣawt 'āli	بصوت عال
éditer (vt)	naʃar	نشر
édition (f) (~ des livres)	naʃr (m)	نشر
éditeur (m)	nāʃir (m)	ناشر
maison (f) d'édition	dār aṭ ṭibā'a wan naʃr (f)	دار الطباعة والنشر

paraître (livre)	ṣadar	صدر
sortie (f) (~ d'un livre)	ṣudūr (m)	صدور
tirage (m)	'adad an nusaχ (m)	عدد النسخ
librairie (f)	maḥall kutub (m)	محلّ كتب
bibliothèque (f)	maktaba (f)	مكتبة
nouvelle (f)	qiṣṣa (f)	قصّة
récit (m)	qiṣṣa qaṣīra (f)	قصّة قصيرة
roman (m)	riwāya (f)	رواية
roman (m) policier	riwāya bulīsiyya (f)	رواية بوليسيّة
mémoires (m pl)	muðakkirāt (pl)	مذكّرات
légende (f)	usṭūra (f)	أسطورة
mythe (m)	χurāfa (f)	خرافة
vers (m pl)	ʃiʿr (m)	شعر
autobiographie (f)	sīrat ḥayāt (f)	سيرة حياة
les œuvres choisies	muχtārāt (pl)	مختارات
science-fiction (f)	χayāl ʿilmiy (m)	خيال علميّ
titre (m)	'unwān (m)	عنوان
introduction (f)	muqaddima (f)	مقدّمة
page (f) de titre	ṣafḥat al 'unwān (f)	صفحة العنوان
chapitre (m)	faṣl (m)	فصل
extrait (m)	qiṭʿa (f)	قطعة
épisode (m)	maʃhad (m)	مشهد
sujet (m)	mawdūʿ (m)	موضوع
sommaire (m)	muḥtawayāt (pl)	محتويات
table (f) des matières	fihris (m)	فهرس
protagoniste (m)	aʃ ʃaχṣiyya ar raʾīsiyya (f)	الشخصيّة الرئيسيّة
volume (m)	muʒallad (m)	مجلّد
couverture (f)	γilāf (m)	غلاف
reliure (f)	taʒlīd (m)	تجليد
marque-page (m)	ʃarīṭ (m)	شريط
page (f)	ṣafḥa (f)	صفحة
feuilleter (vt)	qallab aṣ ṣafaḥāt	قلّب الصفحات
marges (f pl)	hāmiʃ (m)	هامش
annotation (f)	mulāḥaza (f)	ملاحظة
note (f) de bas de page	mulāḥaza (f)	ملاحظة
texte (m)	naṣṣ (m)	نصّ
police (f)	nawʿ al χaṭṭ (m)	نوع الخطّ
faute (f) d'impression	χaṭaʾ maṭbaʿiy (m)	خطأ مطبعيّ
traduction (f)	tarʒama (f)	ترجمة
traduire (vt)	tarʒam	ترجم
original (m)	aṣliy (m)	أصليّ
célèbre (adj)	maʃhūr	مشهور
inconnu (adj)	γayr maʿrūf	غير معروف
intéressant (adj)	mumtiʿ	ممتع

best-seller (m)	akθar mabīʿan (m)	أكثر مبيعًا
dictionnaire (m)	qāmūs (m)	قاموس
manuel (m)	kitāb taʿlīm (m)	كتاب تعليم
encyclopédie (f)	mawsūʿa (f)	موسوعة

133. La chasse. La pêche

chasse (f)	ṣayd (m)	صيد
chasser (vi, vt)	iṣṭād	إصطاد
chasseur (m)	ṣayyād (m)	صيّاد
tirer (vi)	aṭlaq an nār	أطلق النار
fusil (m)	bunduqiyya (f)	بندقية
cartouche (f)	ruṣāṣa (f)	رصاصة
grains (m pl) de plomb	raʃʃ (m)	رشّ
piège (m) à mâchoires	maṣyada (f)	مصيدة
piège (m)	faχχ (m)	فخّ
être pris dans un piège	waqaʿ fi faχχ	وقع في فخّ
mettre un piège	naṣab faχχ	نصب فخًا
braconnier (m)	sāriq aṣ ṣayd (m)	سارق الصيد
gibier (m)	ṣayd (m)	صيد
chien (m) de chasse	kalb ṣayd (m)	كلب صيد
safari (m)	safāri (m)	سفاري
animal (m) empaillé	ḥayawān muḥannaṭ (m)	حيوان محنّط
pêcheur (m)	ṣayyād as samak (m)	صيّاد السمك
pêche (f)	ṣayd as samak (m)	صيد السمك
pêcher (vi)	iṣṭād as samak	إصطاد السمك
canne (f) à pêche	ṣannāra (f)	صنّارة
ligne (f) de pêche	χayṭ (m)	خيط
hameçon (m)	ʃaṣṣ aṣ ṣayd (m)	شصّ الصيد
flotteur (m)	ʿawwāma (f)	عوّامة
amorce (f)	ṭuʿm (m)	طعم
lancer la ligne	ṭarah aṣ ṣinnāra	طرح الصنّارة
mordre (vt)	ʿaḍḍ	عضّ
pêche (f) (poisson capturé)	as samak al muṣṭād (m)	السمك المصطاد
trou (m) dans la glace	fatḥa fil ʒalīd (f)	فتحة في الجليد
filet (m)	ʃabakat aṣ ṣayd (f)	شبكة الصيد
barque (f)	markab (m)	مركب
pêcher au filet	iṣṭād biʃ ʃabaka	إصطاد بالشبكة
jeter un filet	rama ʃabaka	رمى شبكة
retirer le filet	aχraʒ ʃabaka	أخرج شبكة
tomber dans le filet	waqaʿ fi ʃabaka	وقع في شبكة
baleinier (m)	ṣayyād al ḥūt (m)	صيّاد الحوت
baleinière (f)	safinat ṣayd al ḥītān (f)	سفينة صيد الحيتان
harpon (m)	ḥarba (f)	حربة

134. Les jeux. Le billard

billard (m)	bilyārdu (m)	بلياردو
salle (f) de billard	qā'at bilyārdu (m)	قاعة بلياردو
bille (f) de billard	kura (f)	كرة
empocher une bille	aşqaṭ kura	أصقط كرة
queue (f)	'aṣa bilyardu (f)	عصا بلياردو
poche (f)	ʒayb bilyārdu (m)	جيب بلياردو

135. Les jeux de cartes

carreau (m)	ad dināriy (m)	الديناريّ
pique (m)	al bastūniy (m)	البستونيّ
cœur (m)	al kūba (f)	الكوبة
trèfle (m)	as sibātiy (m)	السباتيّ
as (m)	'ās (m)	آس
roi (m)	malik (m)	ملك
dame (f)	malika (f)	ملكة
valet (m)	walad (m)	ولد
carte (f)	waraqa (f)	ورقة
jeu (m) de cartes	waraq (m)	ورق
atout (m)	waraqa rābiḥa (f)	ورقة رابحة
paquet (m) de cartes	dasta waraq al la'b (f)	دستة ورق اللعب
point (m)	nuqta (f)	نقطة
distribuer (les cartes)	farraq	فرّق
battre les cartes	xallaṭ	خلط
tour (m) de jouer	dawr (m)	دور
tricheur (m)	muḥtāl fil qimār (m)	محتال في القمار

136. Les loisirs. Les jeux

se promener (vp)	tanazzah	تنزّه
promenade (f)	tanazzuh (m)	تنزّه
promenade (f) (en voiture)	ʒawla bis sayyāra (f)	جولة بالسيّارة
aventure (f)	muɣāmara (f)	مغامرة
pique-nique (m)	nuzha (f)	نزهة
jeu (m)	lu'ba (f)	لعبة
joueur (m)	lā'ib (m)	لاعب
partie (f) (~ de cartes, etc.)	dawr (m)	دور
collectionneur (m)	ʒāmi' (m)	جامع
collectionner (vt)	ʒama'	جمع
collection (f)	maʒmū'a (f)	مجموعة
mots (m pl) croisés	kalimāt mutaqāṭi'a (pl)	كلمات متقاطعة
hippodrome (m)	ḥalbat sibāq al xuyūl (f)	حلبة سباق الخيول

discothèque (f)	disku (m)	ديسكو
sauna (m)	sāuna (f)	ساونا
loterie (f)	yanaṣīb (m)	يانصيب
trekking (m)	riḥlat taxyīm (f)	رحلة تخييم
camp (m)	muxayyam (m)	مخيّم
tente (f)	xayma (f)	خيمة
boussole (f)	būṣila (f)	بوصلة
campeur (m)	muxayyim (m)	مخيّم
regarder (la télé)	ʃāhid	شاهد
téléspectateur (m)	muʃāhid (m)	مشاهد
émission (f) de télé	barnāmaʒ tiliviziyūniy (m)	برنامج تليفزيونيّ

137. La photographie

appareil (m) photo	kamira (f)	كاميرا
photo (f)	ṣūra (f)	صورة
photographe (m)	muṣawwir (m)	مصوّر
studio (m) de photo	istūdiyu taṣwīr (m)	إستوديو تصوير
album (m) de photos	albūm aṣ ṣuwar (m)	ألبوم الصور
objectif (m)	ʿadasa (f)	عدسة
téléobjectif (m)	ʿadasa tiliskūpiyya (f)	عدسة تلسكوبيّة
filtre (m)	filtir (m)	فلتر
lentille (f)	ʿadasa (f)	عدسة
optique (f)	aʒhiza baṣariyya (pl)	أجهزة بصريّة
diaphragme (m)	buʾra (f)	بؤرة
temps (m) de pose	muddat at taʿrīḍ (f)	مدة التعريض
viseur (m)	al ʿayn al fāḥiṣa (f)	العين الفاحصة
appareil (m) photo numérique	kamira raqmiyya (f)	كاميرا رقميّة
trépied (m)	ḥāmil θulāθiy (m)	حامل ثلاثيّ
flash (m)	flāʃ (m)	فلاش
photographier (vt)	ṣawwar	صوّر
prendre en photo	ṣawwar	صوّر
se faire prendre en photo	taṣawwar	تصوّر
mise (f) au point	buʾrat al ʿadasa (f)	بؤرة العدسة
mettre au point	rakkaz	ركّز
net (adj)	wāḍiḥ	واضح
netteté (f)	wuḍūḥ (m)	وضوح
contraste (m)	tabāyun (m)	تباين
contrasté (adj)	mutabāyin	متباين
épreuve (f)	ṣūra (f)	صورة
négatif (m)	ṣūra sāliba (f)	صورة سالبة
pellicule (f)	film (m)	فيلم
image (f)	iṭār (m)	إطار
tirer (des photos)	ṭabaʿ	طبع

138. La plage. La baignade

plage (f)	ʃāṭiʾ (m)	شاطئ
sable (m)	raml (m)	رمل
désert (plage ~e)	mahʒūr	مهجور
bronzage (m)	sumrat al baʃara (f)	سمرة البشرة
se bronzer (vp)	taʃammas	تشمّس
bronzé (adj)	asmar	أسمر
crème (f) solaire	krīm wāqi aʃ ʃams (m)	كريم واقي الشمس
bikini (m)	bikini (m)	بكيني
maillot (m) de bain	libās sibāḥa (m)	لباس سباحة
slip (m) de bain	libās sibāḥa riʒāliy (m)	لباس سباحة رجاليّ
piscine (f)	masbaḥ (m)	مسبح
nager (vi)	sabaḥ	سبح
douche (f)	dūʃ (m)	دوش
se changer (vp)	ɣayyar libāsuh	غيّر لباسه
serviette (f)	fūṭa (f)	فوطة
barque (f)	markab (m)	مركب
canot (m) à moteur	lanʃ (m)	لنش
ski (m) nautique	tazalluʒ ʿalal māʾ (m)	تزلج على الماء
pédalo (m)	ʿaʒala māʾiyya (f)	عجلة مائية
surf (m)	rukūb al amwāʒ (m)	ركوب الأمواج
surfeur (m)	rākib al amwāʒ (m)	راكب الأمواج
scaphandre (m) autonome	ʒihāz at tanaffus (m)	جهاز التنفس
palmes (f pl)	zaʿānif as sibāḥa (pl)	زعانف السباحة
masque (m)	kimāma (f)	كمامة
plongeur (m)	ɣawwāṣ (m)	غوّاص
plonger (vi)	ɣāṣ	غاص
sous l'eau (adv)	taḥt al māʾ	تحت الماء
parasol (m)	ʃamsiyya (f)	شمسيّة
chaise (f) longue	kursiy blāʒ (m)	كرسيّ بلاج
lunettes (f pl) de soleil	naẓẓārat ʃams (f)	نظارة شمس
matelas (m) pneumatique	martaba hawāʾiyya (f)	مرتبة هوائيّة
jouer (s'amuser)	laʿib	لعب
se baigner (vp)	sabaḥ	سبح
ballon (m) de plage	kura (f)	كرة
gonfler (vt)	nafaχ	نفخ
gonflable (adj)	qābil lin nafχ	قابل للنفخ
vague (f)	mawʒa (f)	موجة
bouée (f)	ʃamandūra (f)	شمندورة
se noyer (vp)	ɣariq	غرق
sauver (vt)	anqað	أنقذ
gilet (m) de sauvetage	sutrat naʒāt (f)	سترة نجاة
observer (vt)	rāqab	راقب
maître nageur (m)	ḥāris ʃāṭiʾ (m)	حارس شاطئ

LE MATÉRIEL TECHNIQUE. LES TRANSPORTS

Le matériel technique

139. L'informatique

ordinateur (m)	kumbyūtir (m)	كمبيوتر
PC (m) portable	kumbyūtir maḥmūl (m)	كمبيوتر محمول
allumer (vt)	ʃaɣɣal	شغَّل
éteindre (vt)	aɣlaq	أغلق
clavier (m)	lawḥat al mafātīḥ (f)	لوحة المفاتيح
touche (f)	miftāḥ (m)	مفتاح
souris (f)	fa'ra (f)	فأرة
tapis (m) de souris	wisādat fa'ra (f)	وسادة فأرة
bouton (m)	zirr (m)	زرّ
curseur (m)	mu'aʃʃir (m)	مؤشِّر
moniteur (m)	ʃāʃa (f)	شاشة
écran (m)	ʃāʃa (f)	شاشة
disque (m) dur	qurṣ ṣalib (m)	قرص صلب
capacité (f) du disque dur	si'at taχzīn (f)	سعة تخزين
mémoire (f)	ðākira (f)	ذاكرة
mémoire (f) vive	ðākirat al wuṣūl al 'aʃwā'iy (f)	ذاكرة الوصول العشوائيّ
fichier (m)	malaff (m)	ملفّ
dossier (m)	ḥāfiẓa (m)	حافظة
ouvrir (vt)	fataḥ	فتح
fermer (vt)	aɣlaq	أغلق
sauvegarder (vt)	ḥafaẓ	حفظ
supprimer (vt)	masaḥ	مسح
copier (vt)	nasaχ	نسخ
trier (vt)	ṣannaf	صنَّف
copier (vt)	naqal	نقل
programme (m)	barnāmaʒ (m)	برنامج
logiciel (m)	barāmiʒ kumbyūtir (pl)	برامج كمبيوتر
programmeur (m)	mubarmiʒ (m)	مبرمج
programmer (vt)	barmaʒ	برمج
hacker (m)	hākir (m)	هاكر
mot (m) de passe	kalimat as sirr (f)	كلمة السرّ
virus (m)	virūs (m)	فيروس
découvrir (détecter)	waʒad	وجد
bit (m)	bayt (m)	بايت

mégabit (m)	miʒabāyt (m)	ميجابايت
données (f pl)	bayānāt (pl)	بيانات
base (f) de données	qaʿidat bayānāt (f)	قاعدة بيانات
câble (m)	kābil (m)	كابل
déconnecter (vt)	faṣal	فصل
connecter (vt)	waṣṣal	وصّل

140. L'Internet. Le courrier électronique

Internet (m)	intirnit (m)	إنترنت
navigateur (m)	mutaṣaffiḥ (m)	متصفح
moteur (m) de recherche	muḥarrik baḥθ (m)	محرّك بحث
fournisseur (m) d'accès	ʃarikat al intirnīt (f)	شركة الإنترنيت
administrateur (m) de site	mudīr al mawqiʿ (m)	مدير الموقع
site (m) web	mawqiʿ iliktrūniy (m)	موقع إلكتروني
page (f) web	ṣafḥat wīb (f)	صفحة ويب
adresse (f)	ʿunwān (m)	عنوان
carnet (m) d'adresses	daftar al ʿanāwīn (m)	دفتر العناوين
boîte (f) de réception	ṣundūq al barīd (m)	صندوق البريد
courrier (m)	barīd (m)	بريد
pleine (adj)	mumtali'	ممتلىء
message (m)	risāla iliktrūniyya (f)	رسالة إلكترونيّة
messages (pl) entrants	rasa'il wārida (pl)	رسائل واردة
messages (pl) sortants	rasa'il ṣādira (pl)	رسائل صادرة
expéditeur (m)	mursil (m)	مرسل
envoyer (vt)	arsal	أرسل
envoi (m)	irsāl (m)	إرسال
destinataire (m)	mursal ilayh (m)	مرسل إليه
recevoir (vt)	istalam	إستلم
correspondance (f)	murāsala (f)	مراسلة
être en correspondance	tarāsal	تراسل
fichier (m)	malaff (m)	ملفّ
télécharger (vt)	ḥammal	حمّل
créer (vt)	anʃa'	أنشأ
supprimer (vt)	masaḥ	مسح
supprimé (adj)	mamsūḥ	ممسوح
connexion (f) (ADSL, etc.)	ittiṣāl (m)	إتّصال
vitesse (f)	surʿa (f)	سرعة
modem (m)	mudim (m)	مودم
accès (m)	wuṣūl (m)	وصول
port (m)	maxraʒ (m)	مخرج
connexion (f) (établir la ~)	ittiṣāl (m)	إتّصال
se connecter à …	ittaṣal	إتّصل
sélectionner (vt)	ixtār	إختار
rechercher (vt)	baḥaθ	بحث

Les transports

141. L'avion

avion (m)	ṭā'ira (f)	طائرة
billet (m) d'avion	taðkirat ṭā'ira (f)	تذكرة طائرة
compagnie (f) aérienne	ʃarikat ṭayarān (f)	شركة طيران
aéroport (m)	maṭār (m)	مطار
supersonique (adj)	xāriq liṣ ṣawt	خارق للصوت
commandant (m) de bord	qā'id aṭ ṭā'ira (m)	قائد الطائرة
équipage (m)	ṭāqim (m)	طاقم
pilote (m)	ṭayyār (m)	طيّار
hôtesse (f) de l'air	muḍīfat ṭayarān (f)	مضيفة طيران
navigateur (m)	mallāḥ (m)	ملّاح
ailes (f pl)	aʒniḥa (pl)	أجنحة
queue (f)	ðayl (m)	ذيل
cabine (f)	kabīna (f)	كابينة
moteur (m)	mutūr (m)	موتور
train (m) d'atterrissage	'aʒalāt al hubūṭ (pl)	عجلات الهبوط
turbine (f)	turbīna (f)	تربينة
hélice (f)	mirwaḥa (f)	مروحة
boîte (f) noire	musaʒʒil aṭ ṭayarān (m)	مسجّل الطيران
gouvernail (m)	'aʒalat qiyāda (f)	عجلة قيادة
carburant (m)	wuqūd (m)	وقود
consigne (f) de sécurité	biṭāqat as salāma (f)	بطاقة السلامة
masque (m) à oxygène	qinā' uksiʒīn (m)	قناع أوكسيجين
uniforme (m)	libās muwaḥḥad (m)	لباس موحّد
gilet (m) de sauvetage	sutrat naʒāt (f)	سترة نجاة
parachute (m)	miʒallat hubūṭ (f)	مظلّة هبوط
décollage (m)	iqlā' (m)	إقلاع
décoller (vi)	aqla'at	أقلعت
piste (f) de décollage	madraʒ aṭ ṭā'irāt (m)	مدرج الطائرات
visibilité (f)	ru'ya (f)	رؤية
vol (m) (~ d'oiseau)	ṭayarān (m)	طيران
altitude (f)	irtifā' (m)	إرتفاع
trou (m) d'air	ʒayb hawā'iy (m)	جيب هوائيّ
place (f)	maq'ad (m)	مقعد
écouteurs (m pl)	sammā'āt ra'siya (pl)	سمّاعات رأسيّة
tablette (f)	ṣīniyya qābila liṭ ṭayy (f)	صينية قابلة للطيّ
hublot (m)	ʃubbāk aṭ ṭā'ira (m)	شبّاك الطائرة
couloir (m)	mamarr (m)	ممرّ

142. Le train

train (m)	qiṭār (m)	قطار
train (m) de banlieue	qiṭār (m)	قطار
TGV (m)	qiṭār sarīʿ (m)	قطار سريع
locomotive (f) diesel	qāṭirat dīzil (f)	قاطرة ديزل
locomotive (f) à vapeur	qāṭira buxāriyya (f)	قاطرة بخارية
wagon (m)	ʿaraba (f)	عربة
wagon-restaurant (m)	ʿarabat al maṭam (f)	عربة المطعم
rails (m pl)	quḍubān (pl)	قضبان
chemin (m) de fer	sikka ḥadīdiyya (f)	سكة حديدية
traverse (f)	ʿāriḍa (f)	عارضة
quai (m)	raṣīf (m)	رصيف
voie (f)	xaṭṭ (m)	خط
sémaphore (m)	simāfūr (m)	سيمافور
station (f)	maḥaṭṭa (f)	محطة
conducteur (m) de train	sāʾiq (m)	سائق
porteur (m)	ḥammāl (m)	حمّال
steward (m)	masʾūl ʿarabat al qiṭār (m)	مسؤول عربة القطار
passager (m)	rākib (m)	راكب
contrôleur (m) de billets	kamsariy (m)	كمسريّ
couloir (m)	mamarr (m)	ممرّ
frein (m) d'urgence	farāmil aṭ ṭawāriʾ (pl)	فرامل الطوارئ
compartiment (m)	yurfa (f)	غرفة
couchette (f)	sarīr (m)	سرير
couchette (f) d'en haut	sarīr ʿulwiy (m)	سرير علويّ
couchette (f) d'en bas	sarīr sufliy (m)	سرير سفليّ
linge (m) de lit	ayṭiyat as sarīr (pl)	أغطية السرير
ticket (m)	taðkira (f)	تذكرة
horaire (m)	ȝadwal (m)	جدول
tableau (m) d'informations	lawḥat maʿlūmāt (f)	لوحة معلومات
partir (vi)	yādar	غادر
départ (m) (du train)	muyādara (f)	مغادرة
arriver (le train)	waṣal	وصل
arrivée (f)	wuṣūl (m)	وصول
arriver en train	waṣal bil qiṭār	وصل بالقطار
prendre le train	rakib al qiṭār	ركب القطار
descendre du train	nazil min al qiṭār	نزل من القطار
accident (m) ferroviaire	ḥiṭām qiṭār (m)	حطام قطار
dérailler (vi)	xaraȝ ʿan xaṭṭ sayrih	خرج عن خطّ سيره
locomotive (f) à vapeur	qāṭira buxāriyya (f)	قاطرة بخارية
chauffeur (m)	ʿaṭaʃȝiy (m)	عطشجيّ
chauffe (f)	furn al muḥarrik (m)	فرن المحرّك
charbon (m)	faḥm (m)	فحم

143. Le bateau

bateau (m)	safīna (f)	سفينة
navire (m)	safīna (f)	سفينة
bateau (m) à vapeur	bāxira (f)	باخرة
paquebot (m)	bāxira nahriyya (f)	باخرة نهريّة
bateau (m) de croisière	bāxira siyahiyya (f)	باخرة سياحيّة
croiseur (m)	ṭarrād (m)	طرّاد
yacht (m)	yaxt (m)	يخت
remorqueur (m)	qāṭira (f)	قاطرة
péniche (f)	ṣandal (m)	صندل
ferry (m)	ʿabbāra (f)	عبّارة
voilier (m)	safina ʃirāʿiyya (m)	سفينة شراعيّة
brigantin (m)	markab ʃirāʿiy (m)	مركب شراعيّ
brise-glace (m)	muhaṭṭimat ʒalīd (f)	محطّمة جليد
sous-marin (m)	ɣawwāṣa (f)	غوّاصة
canot (m) à rames	markab (m)	مركب
dinghy (m)	zawraq (m)	زورق
canot (m) de sauvetage	qārib naʒāt (m)	قارب نجاة
canot (m) à moteur	lanʃ (m)	لنش
capitaine (m)	qubṭān (m)	قبطان
matelot (m)	baḥḥār (m)	بحّار
marin (m)	baḥḥār (m)	بحّار
équipage (m)	ṭāqim (m)	طاقم
maître (m) d'équipage	raʾīs al baḥḥāra (m)	رئيس البحّارة
mousse (m)	ṣabiy as safina (m)	صبي السفينة
cuisinier (m) du bord	ṭabbāx (m)	طبّاخ
médecin (m) de bord	ṭabīb as safīna (m)	طبيب السفينة
pont (m)	saṭh as safīna (m)	سطح السفينة
mât (m)	sāriya (f)	سارية
voile (f)	ʃirāʿ (m)	شراع
cale (f)	ʿambar (m)	عنبر
proue (f)	muqaddama (m)	مقدّمة
poupe (f)	muʾaxirat as safīna (f)	مؤخّرة السفينة
rame (f)	miʒðāf (m)	مجذاف
hélice (f)	mirwaḥa (f)	مروحة
cabine (f)	kabīna (f)	كابينة
carré (m) des officiers	ɣurfat al istirāḥa (f)	غرفة الإستراحة
salle (f) des machines	qism al ʾālāt (m)	قسم الآلات
passerelle (f)	burʒ al qiyāda (m)	برج القيادة
cabine (f) de T.S.F.	ɣurfat al lāsilkiy (f)	غرفة اللاسلكيّ
onde (f)	mawʒa (f)	موجة
journal (m) de bord	siʒil as safīna (m)	سجل السفينة
longue-vue (f)	minzār (m)	منظار
cloche (f)	ʒaras (m)	جرس

pavillon (m)	'alam (m)	علم
grosse corde (f) tressée	ḥabl (m)	حبل
nœud (m) marin	'uqda (f)	عقدة
rampe (f)	drabizīn (m)	درابزين
passerelle (f)	sullam (m)	سلّم
ancre (f)	mirsāt (f)	مرساة
lever l'ancre	rafa' mirsāt	رفع مرساة
jeter l'ancre	rasa	رسا
chaîne (f) d'ancrage	silsilat mirsāt (f)	سلسلة مرساة
port (m)	mīnā' (m)	ميناء
embarcadère (m)	marsa (m)	مرسى
accoster (vi)	rasa	رسا
larguer les amarres	aqla'	أقلع
voyage (m) (à l'étranger)	riḥla (f)	رحلة
croisière (f)	riḥla baḥriyya (f)	رحلة بحرية
cap (m) (suivre un ~)	masār (m)	مسار
itinéraire (m)	ṭarīq (m)	طريق
chenal (m)	maʒra milāḥiy (m)	مجرى ملاحيّ
bas-fond (m)	miyāh ḍaḥla (f)	مياه ضحلة
échouer sur un bas-fond	ʒanaḥ	جنح
tempête (f)	'āṣifa (f)	عاصفة
signal (m)	iʃāra (f)	إشارة
sombrer (vi)	ɣariq	غرق
Un homme à la mer!	saqaṭ raʒul min as safīna!	سقط رجل من السفينة!
SOS (m)	nidā' iɣāθa (m)	نداء إغاثة
bouée (f) de sauvetage	ṭawq naʒāt (m)	طوق نجاة

144. L'aéroport

aéroport (m)	maṭār (m)	مطار
avion (m)	ṭā'ira (f)	طائرة
compagnie (f) aérienne	ʃarikat ṭayarān (f)	شركة طيران
contrôleur (m) aérien	marāqib al ḥaraka al ʒawwiyya (pl)	مراقب الحركة الجوّية
départ (m)	muɣādara (f)	مغادرة
arrivée (f)	wuṣūl (m)	وصول
arriver (par avion)	waṣal	وصل
temps (m) de départ	waqt al muɣādara (m)	وقت المغادرة
temps (m) d'arrivée	waqt al wuṣūl (m)	وقت الوصول
être retardé	ta'aχχar	تأخّر
retard (m) de l'avion	ta'aχχur ar riḥla (m)	تأخّر الرحلة
tableau (m) d'informations	lawḥat al ma'lūmāt (f)	لوحة المعلومات
information (f)	isti'lāmāt (pl)	إستعلامات
annoncer (vt)	a'lan	أعلن

vol (m)	riḥla (f)	رحلة
douane (f)	ʒamārik (pl)	جمارك
douanier (m)	muwaẓẓaf al ʒamārik (m)	موظف الجمارك
déclaration (f) de douane	taṣrīḥ ʒumrukiy (m)	تصريح جمركيّ
remplir (vt)	mala’	ملأ
remplir la déclaration	mala’ at taṣrīḥ	ملأ التصريح
contrôle (m) de passeport	taftīʃ al ʒawāzāt (m)	تفتيش الجوازات
bagage (m)	aʃʃunaṭ (pl)	الشنط
bagage (m) à main	ʃunaṭ al yad (pl)	شنط اليد
chariot (m)	‘arabat ʃunaṭ (f)	عربة شنط
atterrissage (m)	hubūṭ (m)	هبوط
piste (f) d'atterrissage	mamarr al hubūṭ (m)	ممرّ الهبوط
atterrir (vi)	habaṭ	هبط
escalier (m) d'avion	sullam aṭ ṭā’ira (m)	سلّم الطائرة
enregistrement (m)	tasʒīl (m)	تسجيل
comptoir (m) d'enregistrement	makān at tasʒīl (m)	مكان التسجيل
s'enregistrer (vp)	saʒʒal	سجّل
carte (f) d'embarquement	biṭāqat ṣu‘ūd (f)	بطاقة صعود
porte (f) d'embarquement	bawwābat al muɣādara (f)	بوّابة المغادرة
transit (m)	tranzīt (m)	ترانزيت
attendre (vt)	intaẓar	إنتظر
salle (f) d'attente	qā‘at al muɣādara (f)	قاعة المغادرة
raccompagner (à l'aéroport, etc.)	wadda‘	ودّع
dire au revoir	wadda‘	ودّع

145. Le vélo. La moto

vélo (m)	darrāʒa (f)	درّاجة
scooter (m)	skutir (m)	سكوتر
moto (f)	darrāʒa nāriyya (f)	درّاجة نارية
faire du vélo	rakib ad darrāʒa	ركب الدرّاجة
guidon (m)	miqwad (m)	مقود
pédale (f)	dawwāsa (f)	دوّاسة
freins (m pl)	farāmil (pl)	فرامل
selle (f)	maq‘ad (m)	مقعد
pompe (f)	ṭulumba (f)	طلمبة
porte-bagages (m)	raff al amti‘a (m)	رفّ الأمتعة
phare (m)	miṣbāḥ (m)	مصباح
casque (m)	χūða (f)	خوذة
roue (f)	‘aʒala (f)	عجلة
garde-boue (m)	rafraf (m)	رفرف
jante (f)	iṭār (m)	إطار
rayon (m)	barmaq al ‘aʒala (m)	برمق العجلة

La voiture

146. Les différents types de voiture

automobile (f)	sayyāra (f)	سيّارة
voiture (f) de sport	sayyāra riyāḍiyya (f)	سيّارة رياضيّة
limousine (f)	limuzīn (m)	ليموزين
tout-terrain (m)	sayyārat ṭuruq waʿra (f)	سيارة طرق وعرة
cabriolet (m)	kabriulīh (m)	كابريوليه
minibus (m)	mikrubāṣ (m)	ميكروباص
ambulance (f)	isʿāf (m)	إسعاف
chasse-neige (m)	ʒarrāfat θalʒ (f)	جرّافة ثلج
camion (m)	ʃāḥina (f)	شاحنة
camion-citerne (m)	nāqilat bitrūl (f)	ناقلة بترول
fourgon (m)	ʿarabat naql (f)	عربة نقل
tracteur (m) routier	ʒarrār (m)	جرّار
remorque (f)	maqṭūra (f)	مقطورة
confortable (adj)	murīḥ	مريح
d'occasion (adj)	mustaʿmal	مستعمل

147. La voiture. La carrosserie

capot (m)	kabbūt (m)	كبّوت
aile (f)	rafraf (m)	رفرف
toit (m)	saqf (m)	سقف
pare-brise (m)	zuʒāʒ amāmiy (m)	زجاج أماميّ
rétroviseur (m)	mirʾāt dāxiliyya (f)	مرآة داخليّة
lave-glace (m)	munaẓẓif az zuʒāʒ (m)	منظّف الزجاج
essuie-glace (m)	massāḥāt (pl)	مسّاحات
fenêtre (f) latéral	zuʒāʒ ʒānibiy (m)	زجاج جانبيّ
lève-glace (m)	mākina zuʒāʒ (f)	ماكينة زجاج
antenne (f)	hawāʾiy (m)	هوائيّ
toit (m) ouvrant	nāfiðat as saqf (f)	نافذة السقف
pare-chocs (m)	miṣadd as sayyāra (m)	مصدّ السيارة
coffre (m)	ṣundūq as sayyāra (m)	صندوق السيّارة
galerie (f) de toit	raff saqf as sayyāra (m)	رفّ سقف السيّارة
portière (f)	bāb (m)	باب
poignée (f)	ukrat al bāb (f)	أوكرة الباب
serrure (f)	qifl al bāb (m)	قفل الباب
plaque (f) d'immatriculation	lawḥat raqm as sayyāra (f)	لوحة رقم السيارة
silencieux (m)	kātim aṣ ṣawt (m)	كاتم الصوت

réservoir (m) d'essence	xazzān al banzīn (m)	خزّان البنزين
pot (m) d'échappement	umbūb al 'ādim (m)	أنبوب العادم
accélérateur (m)	ɣāz (m)	غاز
pédale (f)	dawwāsa (f)	دوّاسة
pédale (f) d'accélérateur	dawwāsat al wuqūd (f)	دوّاسة الوقود
frein (m)	farāmil (pl)	فرامل
pédale (f) de frein	dawwāsat al farāmil (m)	دوّاسة الفرامل
freiner (vi)	farmal	فرمل
frein (m) à main	farmalat al yad (f)	فرملة اليد
embrayage (m)	ta'ʃīq (m)	تعشيق
pédale (f) d'embrayage	dawwāsat at ta'ʃīq (f)	دوّاسة التعشيق
disque (m) d'embrayage	qurṣ at ta'ʃīq (m)	قرص التعشيق
amortisseur (m)	mumtaṣṣ liṣ ṣadamāt (m)	ممتصّ الصدمات
roue (f)	'aʒala (f)	عجلة
roue (f) de rechange	'aʒala iḥtiyāṭiyya (f)	عجلة احتياطيّة
pneu (m)	iṭār (m)	إطار
enjoliveur (m)	ɣiṭā' miḥwar al 'aʒala (m)	غطاء محور العجلة
roues (f pl) motrices	'aʒalāt al qiyāda (pl)	عجلات القيادة
à traction avant	daf' amāmiy (m)	دفع أماميّ
à traction arrière	daf' xalfiy (m)	دفع خلفيّ
à traction intégrale	daf' rubā'iy (m)	دفع رباعيّ
boîte (f) de vitesses	ṣundūq at turūs (m)	صندوق التروس
automatique (adj)	utumatīkiy	أوتوماتيكيّ
mécanique (adj)	yadawiy	يدويّ
levier (m) de vitesse	nāqil as sur'a (m)	ناقل السرعة
phare (m)	al miṣbāḥ al amāmiy (m)	المصباح الأماميّ
feux (m pl)	al maṣābīḥ al amāmiyya (pl)	المصابيح الأماميّة
feux (m pl) de croisement	al anwār al munxafiḍa (pl)	الأنوار المنخفضة
feux (m pl) de route	al anwār al 'āliya (m)	الأنوار العالية
feux (m pl) stop	ḍū' al farāmil (m)	ضوء الفرامل
feux (m pl) de position	aḍwā' ʒānibiyya (pl)	أضواء جانبيّة
feux (m pl) de détresse	aḍwā' at tahðīr (pl)	أضواء التحذير
feux (m pl) de brouillard	aḍwā' aḍ ḍabāb (pl)	أضواء الضباب
clignotant (m)	iʃārat al in'iṭāf (f)	إشارة الإنعطاف
feux (m pl) de recul	miṣbāh ar ruʒū' lil xalf (m)	مصباح الرجوع للخلف

148. La voiture. L'habitacle

habitacle (m)	ṣālūn as sayyāra (m)	صالون السيّارة
en cuir (adj)	min al ʒild	من الجلد
en velours (adj)	min al muxmal	من المخمل
revêtement (m)	tanʒīd (m)	تنجيد
instrument (m)	ʒihāz (m)	جهاز
tableau (m) de bord	lawḥat at tahakkum (f)	لوحة التحكم

indicateur (m) de vitesse	'addād sur'a (m)	عدّاد سرعة
aiguille (f)	mu'aʃʃir (m)	مؤشّر
compteur (m) de kilomètres	'addād al masāfāt (m)	عدّاد المسافات
indicateur (m)	'addād (m)	عدّاد
niveau (m)	mustawa (m)	مستوى
témoin (m)	lammbat inðār (f)	لمبة إنذار
volant (m)	miqwad (m)	مقود
klaxon (m)	zāmūr (m)	زامور
bouton (m)	zirr (m)	زر
interrupteur (m)	nāqil, miftāḥ (m)	ناقل, مفتاح
siège (m)	maq'ad (m)	مقعد
dossier (m)	misnad aẓ ẓahr (m)	مسند الظهر
appui-tête (m)	masnad ar ra's (m)	مسند الرأس
ceinture (f) de sécurité	ḥizām al amn (m)	حزام الأمن
mettre la ceinture	rabaṭ al ḥizām	ربط الحزام
réglage (m)	ḍabṭ (m)	ضبط
airbag (m)	wisāda hawā'iyya (f)	وسادة هوائيّة
climatiseur (m)	takyīf (m)	تكييف
radio (f)	iðā'a (f)	إذاعة
lecteur (m) de CD	muʃaɣɣil sidi (m)	مشغّل سي دي
allumer (vt)	fataḥ, ʃaɣɣal	فتح, شغّل
antenne (f)	hawā'iy (m)	هوائيّ
boîte (f) à gants	durʒ (m)	درج
cendrier (m)	ṭaqṭūqa (f)	طقطوقة

149. La voiture. Le moteur

moteur (m)	muḥarrik (m)	محرّك
moteur (m)	mutūr (m)	موتور
diesel (adj)	dīzil	ديزل
à essence (adj)	'alal banzīn	على البنزين
capacité (f) du moteur	si'at al muḥarrik (f)	سعة المحرّك
puissance (f)	qudra (f)	قدرة
cheval-vapeur (m)	ḥiṣān (m)	حصان
piston (m)	mikbas (m)	مكبس
cylindre (m)	usṭuwāna (f)	أسطوانة
soupape (f)	ṣimām (m)	صمام
injecteur (m)	ʒihāz baxxāx (f)	جهاز بخّاخ
générateur (m)	muwallid (m)	مولّد
carburateur (m)	karburātir (m)	كاربراتير
huile (f) moteur	zayt al muḥarrik (m)	زيت المحرّك
radiateur (m)	mubarrid al muḥarrik (m)	مبرّد المحرّك
liquide (m) de refroidissement	mādda mubarrida (f)	مادّة مبرّدة
ventilateur (m)	mirwaḥa (f)	مروحة
batterie (f)	baṭṭāriyya (f)	بطاريّة
starter (m)	miftāḥ at taʃɣīl (m)	مفتاح التشغيل

allumage (m)	niẓām tafɣīl (m)	نظام تشغيل
bougie (f) d'allumage	ʃamʿat al iḥtirāq (f)	شمعة الاحتراق
borne (f)	ṭaraf tawṣīl (m)	طرف توصيل
borne (f) positive	ṭaraf mūʒab (m)	طرف موجب
borne (f) négative	ṭaraf sālib (m)	طرف سالب
fusible (m)	fāṣima (f)	فاصمة
filtre (m) à air	miṣfāt al hawā' (f)	مصفاة الهواء
filtre (m) à huile	miṣfāt az zayt (f)	مصفاة الزيت
filtre (m) à essence	miṣfāt al banzīn (f)	مصفاة البنزين

150. La voiture. La réparation

accident (m) de voiture	ḥādiθ sayyāra (f)	حادث سيّارة
accident (m) de route	ḥādiθ murūriy (m)	حادث مروريّ
percuter contre …	iṣtadam	إصطدم
s'écraser (vp)	taḥaṭṭam	تحطّم
dégât (m)	χasāra (f)	خسارة
intact (adj)	salīm	سليم
tomber en panne	taʿaṭṭal	تعطّل
corde (f) de remorquage	ḥabl as saḥb (m)	حبل السحب
crevaison (f)	θuqb (m)	ثقب
crever (vi) (pneu)	faʃʃ	فشّ
gonfler (vt)	nafaχ	نفخ
pression (f)	daɣṭ (m)	ضغط
vérifier (vt)	iχtabar	إختبر
réparation (f)	iṣlāḥ (m)	إصلاح
garage (m) (atelier)	warʃat iṣlāḥ as sayyārāt (f)	ورشة إصلاح السيّارات
pièce (f) détachée	qiṭʿat ɣiyār (f)	قطعة غيار
pièce (f)	qiṭʿa (f)	قطعة
boulon (m)	mismār qalāwūz (m)	مسمار قلاووظ
vis (f)	burɣiy (m)	برغيّ
écrou (m)	ṣamūla (f)	صامولة
rondelle (f)	ḥalqa (f)	حلقة
palier (m)	maḥmal (m)	محمل
tuyau (m)	umbūba (f)	أنبوبة
joint (m)	ʿazaqa (f)	عزقة
fil (m)	silk (m)	سلك
cric (m)	rāfiʿat sayyāra (f)	رافعة سيّارة
clé (f) de serrage	miftāḥ aṣ ṣawāmīl (m)	مفتاح الصواميل
marteau (m)	miṭraqa (f)	مطرقة
pompe (f)	ṭulumba (f)	طلمبة
tournevis (m)	mifakk (m)	مفكّ
extincteur (m)	miṭfaʾat ḥarīq (f)	مطفأة حريق
triangle (m) de signalisation	muθallaθ taḥðīr (m)	مثلّث تحذير
caler (vi)	tawaqqaf	توقّف

calage (m)	tawaqquf (m)	توقّف
être en panne	kān maksūran	كان مكسورًا
surchauffer (vi)	saχan bi ʃidda	سخن بشدّة
se boucher (vp)	kān masdūdan	كان مسدودًا
geler (vi)	taʒammad	تجمّد
éclater (tuyau, etc.)	infaʒar	إنفجر
pression (f)	daɣṭ (m)	ضغط
niveau (m)	mustawa (m)	مستوى
lâche (courroie ~)	da'īf	ضعيف
fosse (f)	ba'ʒa (f)	بعجة
bruit (m) anormal	daqq (m)	دقّ
fissure (f)	ʃaqq (m)	شقّ
égratignure (f)	χadʃ (m)	خدش

151. La voiture. La route

route (f)	ṭarīq (m)	طريق
grande route (autoroute)	ṭarīq sarī' (m)	طريق سريع
autoroute (f)	ṭarīq sarī' (m)	طريق سريع
direction (f)	ittiʒāh (m)	إتّجاه
distance (f)	masāfa (f)	مسافة
pont (m)	ʒisr (m)	جسر
parking (m)	mawqif as sayyārāt (m)	موقف السيّارات
place (f)	maydān (m)	ميدان
échangeur (m)	taqāṭu' ṭuruq (m)	تقاطع طرق
tunnel (m)	nafaq (m)	نفق
station-service (f)	maḥaṭṭat banzīn (f)	محطّة بنزين
parking (m)	mawqif as sayyārāt (m)	موقف السيّارات
poste (m) d'essence	midaχχat banzīn (f)	مضخّة بنزين
garage (m) (atelier)	warʃat iṣlāḥ as sayyārāt (f)	ورشة إصلاح السيّارات
se ravitailler (vp)	mala' bil wuqūd	ملأ بالوقود
carburant (m)	wuqūd (m)	وقود
jerrycan (m)	ʒirikan (m)	جركن
asphalte (m)	asfalt (m)	أسفلت
marquage (m)	'alāmāt aṭ ṭarīq (pl)	علامات الطريق
bordure (f)	ḥāffat ar raṣīf (f)	حافّة الرصيف
barrière (f) de sécurité	sūr (m)	سور
fossé (m)	qanāt (f)	قناة
bas-côté (m)	ḥāffat aṭ ṭarīq (f)	حافّة الطريق
réverbère (m)	'amūd nūr (m)	عمود نور
conduire (une voiture)	sāq	ساق
tourner (~ à gauche)	in'aṭaf	إنعطف
faire un demi-tour	istadār lil χalf	إستدار للخلف
marche (f) arrière	ḥaraka ilal warā' (f)	حركة إلى الوراء
klaxonner (vi)	zammar	زمّر
coup (m) de klaxon	ṣawṭ az zāmūr (m)	صوت الزامور

s'embourber (vp)	waḥil	وحل
déraper (vi)	dawwar al ʻaӡala	دوّر العجلة
couper (le moteur)	awqaf	أوقف
vitesse (f)	surʻa (f)	سرعة
dépasser la vitesse	taӡāwaz as surʻa al quṣwa	تجاوز السرعة القصوى
mettre une amende	faraḍ ɣarāma	فرض غرامة
feux (m pl) de circulation	iʃārāt al murūr (pl)	إشارات المرور
permis (m) de conduire	ruxṣat al qiyāda (f)	رخصة قيادة
passage (m) à niveau	maʻbar (m)	معبر
carrefour (m)	taqāṭuʻ (m)	تقاطع
passage (m) piéton	maʻbar al muʃāt (m)	معبر المشاة
virage (m)	munʻaṭif (m)	منعطف
zone (f) piétonne	makān muxaṣṣaṣ lil muʃāt (f)	مكان مخصّص للمشاة

LES GENS. LES ÉVÉNEMENTS

Les grands événements de la vie

152. Les fêtes et les événements

fête (f)	ʿīd (m)	عيد
fête (f) nationale	ʿīd waṭaniy (m)	عيد وطنيّ
jour (m) férié	yawm al ʿuṭla ar rasmiyya (m)	يوم العطلة الرسمية
fêter (vt)	iḥtafal	إحتفل
événement (m) (~ du jour)	ḥadaθ (m)	حدث
événement (m) (soirée, etc.)	munasaba (f)	مناسبة
banquet (m)	walīma (f)	وليمة
réception (f)	ḥaflat istiqbāl (f)	حفلة إستقبال
festin (m)	walīma (f)	وليمة
anniversaire (m)	ðikra sanawiyya (f)	ذكرى سنويّة
jubilé (m)	yubīl (m)	يوبيل
célébrer (vt)	iḥtafal	إحتفل
Nouvel An (m)	ra's as sana (m)	رأس السنة
Bonne année!	kull sana wa anta ṭayyib!	كلّ سنة وأنت طيَب!
Père Noël (m)	baba nuwīl (m)	بابا نويل
Noël (m)	ʿīd al mīlād (m)	عيد الميلاد
Joyeux Noël!	ʿīd mīlād saʿīd!	عيد ميلاد سعيد!
arbre (m) de Noël	ʃaʒarat ra's as sana (f)	شجرة رأس السنة
feux (m pl) d'artifice	alʿāb nāriyya (pl)	ألعاب ناريّة
mariage (m)	zifāf (m)	زفاف
fiancé (m)	ʿarīs (m)	عريس
fiancée (f)	ʿarūsa (f)	عروسة
inviter (vt)	daʿa	دعا
lettre (f) d'invitation	biṭāqat daʿwa (f)	بطاقة دعوة
invité (m)	ḍayf (m)	ضيف
visiter (~ les amis)	zār	زار
accueillir les invités	istaqbal aḍ ḍuyūf	إستقبل الضيوف
cadeau (m)	hadiyya (f)	هديّة
offrir (un cadeau)	qaddam	قدّم
recevoir des cadeaux	istalam al hadāya	إستلم الهدايا
bouquet (m)	bāqat zuhūr (f)	باقة زهور
félicitations (f pl)	tahnī'a (f)	تهنئة
féliciter (vt)	hanna'	هنّأ
carte (f) de veux	biṭāqat tahnī'a (f)	بطاقة تهنئة

envoyer une carte	arsal biṭāqat tahni'a	أرسل بطاقة تهنئة
recevoir une carte	istalam biṭāqat tahnī'a	إستلم بطاقة تهنئة
toast (m)	naχb (m)	نخب
offrir (un verre, etc.)	ḍayyaf	ضيّف
champagne (m)	ʃambāniya (f)	شمبانيا
s'amuser (vp)	istamta'	إستمتع
gaieté (f)	faraḥ (m)	فرح
joie (f) (émotion)	sa'āda (f)	سعادة
danse (f)	rāqiṣa (f)	رقصة
danser (vi, vt)	raqaṣ	رقص
valse (f)	vāls (m)	فالس
tango (m)	tāngu (m)	تانجو

153. L'enterrement. Le deuil

cimetière (m)	maqbara (f)	مقبرة
tombe (f)	qabr (m)	قبر
croix (f)	ṣalīb (m)	صليب
pierre (f) tombale	ʃāhid al qabr (m)	شاهد القبر
clôture (f)	sūr (m)	سور
chapelle (f)	kanīsa sayīra (f)	كنيسة صغيرة
mort (f)	mawt (m)	موت
mourir (vi)	māt	مات
défunt (m)	al mutawaffi (m)	المتوفّي
deuil (m)	ḥidād (m)	حداد
enterrer (vt)	dafan	دفن
maison (f) funéraire	bayt al ʒanāzāt (m)	بيت الجنازات
enterrement (m)	ʒanāza (f)	جنازة
couronne (f)	iklīl (m)	إكليل
cercueil (m)	tābūt (m)	تابوت
corbillard (m)	sayyārat naql al mawta (f)	سيّارة نقل الموتى
linceul (m)	kafan (m)	كفن
cortège (m) funèbre	ʒanāza (f)	جنازة
urne (f) funéraire	qārūra li ḥifẓ ramād al mawta (f)	قارورة لحفظ رماد الموتى
crématoire (m)	maḥraqat ʒuθaθ al mawta (f)	محرقة جثث الموتى
nécrologue (m)	na'iy (m)	نعيّ
pleurer (vi)	baka	بكى
sangloter (vi)	naḥab	نحب

154. La guerre. Les soldats

section (f)	faṣīla (f)	فصيلة
compagnie (f)	sariyya (f)	سريّة

régiment (m)	fawʒ (m)	فوج
armée (f)	ʒayʃ (m)	جيش
division (f)	firqa (f)	فرقة
détachement (m)	waḥda (f)	وحدة
armée (f) (Moyen Âge)	ʒayʃ (m)	جيش
soldat (m) (un militaire)	ʒundiy (m)	جنديّ
officier (m)	ḍābiṭ (m)	ضابط
soldat (m) (grade)	ʒundiy (m)	جنديّ
sergent (m)	raqīb (m)	رقيب
lieutenant (m)	mulāzim (m)	ملازم
capitaine (m)	naqīb (m)	نقيب
commandant (m)	rā'id (m)	رائد
colonel (m)	'aqīd (m)	عقيد
général (m)	ʒinirāl (m)	جنرال
marin (m)	baḥḥār (m)	بحّار
capitaine (m)	qubṭān (m)	قبطان
maître (m) d'équipage	ra'īs al baḥḥāra (m)	رئيس البحّارة
artilleur (m)	madfa'iy (m)	مدفعيّ
parachutiste (m)	ʒundiy al maẓallāt (m)	جنديّ المظلّات
pilote (m)	ṭayyār (m)	طيّار
navigateur (m)	mallāḥ (m)	ملّاح
mécanicien (m)	mikanīkiy (m)	ميكانيكيّ
démineur (m)	muhandis 'askariy (m)	مهندس عسكريّ
parachutiste (m)	miẓalliy (m)	مظلّيّ
éclaireur (m)	mustakʃif (m)	مستكشف
tireur (m) d'élite	qannāṣ (m)	قنّاص
patrouille (f)	dawriyya (f)	دوريّة
patrouiller (vi)	qām bi dawriyya	قام بدوريّة
sentinelle (f)	ḥāris (m)	حارس
guerrier (m)	muḥārib (m)	محارب
patriote (m)	waṭaniy (m)	وطنيّ
héros (m)	baṭal (m)	بطل
héroïne (f)	baṭala (f)	بطلة
traître (m)	χā'in (m)	خائن
trahir (vt)	χān	خان
déserteur (m)	hārib min al ʒayʃ (m)	هارب من الجيش
déserter (vt)	harab min al ʒayʃ	هرب من الجيش
mercenaire (m)	ma'ʒūr (m)	مأجور
recrue (f)	ʒundiy ʒadīd (m)	جنديّ جديد
volontaire (m)	mutaṭawwi' (m)	متطوّع
mort (m)	qatīl (m)	قتيل
blessé (m)	ʒarīḥ (m)	جريح
prisonnier (m) de guerre	asīr (m)	أسير

155. La guerre. Partie 1

guerre (f)	ḥarb (f)	حرب
faire la guerre	ḥārab	حارب
guerre (f) civile	ḥarb ahliyya (f)	حرب أهليّة
perfidement (adv)	yadran	غدرًا
déclaration (f) de guerre	i'lān ḥarb (m)	إعلان حرب
déclarer (la guerre)	a'lan	أعلن
agression (f)	'udwān (m)	عدوان
attaquer (~ un pays)	haʒam	هجم
envahir (vt)	iḥtall	إحتلّ
envahisseur (m)	muḥtall (m)	محتلّ
conquérant (m)	fātiḥ (m)	فاتح
défense (f)	difā' (m)	دفاع
défendre (vt)	dāfa'	دافع
se défendre (vp)	dāfa' 'an nafsih	دافع عن نفسه
ennemi (m)	'aduww (m)	عدوّ
adversaire (m)	χaṣm (m)	خصم
ennemi (adj) (territoire ~)	'aduww	عدوّ
stratégie (f)	istratiʒiyya (f)	إستراتيجيّة
tactique (f)	taktīk (m)	تكتيك
ordre (m)	amr (m)	أمر
commande (f)	amr (m)	أمر
ordonner (vt)	amar	أمر
mission (f)	muhimma (f)	مهمّة
secret (adj)	sirriy	سرّيّ
bataille (f)	ma'raka (f)	معركة
combat (m)	qitāl (m)	قتال
attaque (f)	huʒūm (m)	هجوم
assaut (m)	inqiḍāḍ (m)	إنقضاض
prendre d'assaut	inqaḍḍ	إنقضّ
siège (m)	ḥiṣār (m)	حصار
offensive (f)	huʒūm (m)	هجوم
passer à l'offensive	haʒam	هجم
retraite (f)	insiḥāb (m)	إنسحاب
faire retraite	insaḥab	إنسحب
encerclement (m)	iḥāṭa (f)	إحاطة
encercler (vt)	aḥāṭ	أحاط
bombardement (m)	qaṣf (m)	قصف
lancer une bombe	asqaṭ qumbula	أسقط قنبلة
bombarder (vt)	qaṣaf	قصف
explosion (f)	infiʒār (m)	إنفجار
coup (m) de feu	ṭalaqa (f)	طلقة

| tirer un coup de feu | aṭlaq an nār | أطلق النار |
| fusillade (f) | iṭlāq an nār (m) | إطلاق النار |

viser … (cible)	ṣawwab	صوّب
pointer (sur …)	ṣawwab	صوّب
atteindre (cible)	aṣāb al hadaf	أصاب الهدف

faire sombrer	aɣraq	أغرق
trou (m) (dans un bateau)	θuqb (m)	ثقب
sombrer (navire)	ɣariq	غرق

front (m)	ʒabha (f)	جبهة
évacuation (f)	iҳlā' aṭ ṭawāri' (m)	إخلاء الطوارئ
évacuer (vt)	aҳla	أخلى

tranchée (f)	ҳandaq (m)	خندق
barbelés (m pl)	aslāk ʃā'ika (pl)	أسلاك شائكة
barrage (m) (~ antichar)	ḥāʒiz (m)	حاجز
tour (f) de guet	burʒ muraqaba (m)	برج مراقبة

hôpital (m)	mustaʃfa 'askariy (m)	مستشفى عسكريّ
blesser (vt)	ʒaraḥ	جرح
blessure (f)	ʒurḥ (m)	جرح
blessé (m)	ʒarīḥ (m)	جريح
être blessé	uṣīb bil ʒirāḥ	أصيب بالجراح
grave (blessure)	ҳaṭīr	خطير

156. Les armes

arme (f)	asliḥa (pl)	أسلحة
armes (f pl) à feu	asliḥa nāriyya (pl)	أسلحة ناريّة
armes (f pl) blanches	asliḥa bayḍā' (pl)	أسلحة بيضاء

arme (f) chimique	asliḥa kīmyā'iyya (pl)	أسلحة كيميائيّة
nucléaire (adj)	nawawiy	نوويّ
arme (f) nucléaire	asliḥa nawawiyya (pl)	أسلحة نوويّة

| bombe (f) | qumbula (f) | قنبلة |
| bombe (f) atomique | qumbula nawawiyya (f) | قنبلة نوويّة |

pistolet (m)	musaddas (m)	مسدّس
fusil (m)	bunduqiyya (f)	بندقيّة
mitraillette (f)	bunduqiyya huʒūmiyya (f)	بندقيّة هجوميّة
mitrailleuse (f)	raʃʃāʃ (m)	رشّاش

bouche (f)	fūha (f)	فوهة
canon (m)	sabṭāna (f)	سبطانة
calibre (m)	'iyār (m)	عيار

gâchette (f)	zinād (m)	زناد
mire (f)	muṣawwib (m)	مصوّب
magasin (m)	maҳzan (m)	مخزن
crosse (f)	'aqab al bunduqiyya (m)	عقب البندقيّة
grenade (f) à main	qumbula yadawiyya (f)	قنبلة يدويّة

explosif (m)	mawādd mutafaʒʒira (pl)	مواد متفجّرة
balle (f)	ruṣāṣa (f)	رصاصة
cartouche (f)	χartūʃa (f)	خرطوشة
charge (f)	haʃwa (f)	حشوة
munitions (f pl)	ðaχā'ir (pl)	ذخائر
bombardier (m)	qāðifat qanābil (f)	قاذفة قنابل
avion (m) de chasse	ṭā'ira muqātila (f)	طائرة مقاتلة
hélicoptère (m)	hiliukūbtir (m)	هليكوبتر
pièce (f) de D.C.A.	madfaθ muḍādd liṭ ṭa'irāṭ (m)	مدفع مضادٌ للطائرات
char (m)	dabbāba (f)	دبّابة
canon (m) d'un char	madfa' ad dabbāba (m)	مدفع الدبّابة
artillerie (f)	madfa'iyya (f)	مدفعيّة
canon (m)	madfa' (m)	مدفع
pointer (~ l'arme)	ṣawwab	صوب
obus (m)	qaðīfa (f)	قذيفة
obus (m) de mortier	qumbula hāwun (f)	قنبلة هاون
mortier (m)	hāwun (m)	هاون
éclat (m) d'obus	ʃaẓiyya (f)	شظيّة
sous-marin (m)	ɣawwāṣa (f)	غوّاصة
torpille (f)	ṭurbīd (m)	طوربيد
missile (m)	ṣārūχ (m)	صاروخ
charger (arme)	haʃa	حشا
tirer (vi)	aṭlaq an nār	أطلق النار
viser ... (cible)	ṣawwab	صوب
baïonnette (f)	harba (f)	حربة
épée (f)	ʃīʃ (m)	شيش
sabre (m)	sayf munhani (m)	سيف منحن
lance (f)	rumh (m)	رمح
arc (m)	qaws (m)	قوس
flèche (f)	sahm (m)	سهم
mousquet (m)	muskīt (m)	مسكيت
arbalète (f)	qaws musta'raḍ (m)	قوس مستعرض

157. Les hommes préhistoriques

primitif (adj)	bidā'iy	بدائيّ
préhistorique (adj)	ma qabl at tarīχ	ما قبل التاريخ
ancien (adj)	qadīm	قديم
Âge (m) de pierre	al 'aṣr al haʒariy (m)	العصر الحجريّ
Âge (m) de bronze	al 'aṣr al brunziy (m)	العصر البرونزيّ
période (f) glaciaire	al 'aṣr al ʒalīdiy (m)	العصر الجليديّ
tribu (f)	qabīla (f)	قبيلة
cannibale (m)	'ākil lahm al baʃar (m)	آكل لحم البشر
chasseur (m)	ṣayyād (m)	صيّاد
chasser (vi, vt)	iṣṭād	إصطاد

mammouth (m)	mamūθ (m)	ماموث
caverne (f)	kahf (m)	كهف
feu (m)	nār (f)	نار
feu (m) de bois	nār muχayyam (m)	نار مخيّم
dessin (m) rupestre	rasm fil kahf (m)	رسم في الكهف
outil (m)	adāt (f)	أداة
lance (f)	rumḥ (m)	رمح
hache (f) en pierre	fa's ḥaʒariy (m)	فأس حجريّ
faire la guerre	ḥārab	حارب
domestiquer (vt)	daʒʒan	دجن
idole (f)	ṣanam (m)	صنم
adorer, vénérer (vt)	'abad	عبد
superstition (f)	χurāfa (f)	خرافة
rite (m)	mansak (m)	منسك
évolution (f)	taṭawwur (m)	تطوّر
développement (m)	numuww (m)	نمو
disparition (f)	iχtifā' (m)	إختفاء
s'adapter (vp)	takayyaf	تكيّف
archéologie (f)	'ilm al 'āθār (m)	علم الآثار
archéologue (m)	'ālim'āθār (m)	عالم آثار
archéologique (adj)	aθariy	أثري
site (m) d'excavation	mawqi' ḥafr (m)	موقع حفر
fouilles (f pl)	tanqīb (m)	تنقيب
trouvaille (f)	iktiʃāf (m)	إكتشاف
fragment (m)	qiṭ'a (f)	قطعة

158. Le Moyen Âge

peuple (m)	ʃa'b (m)	شعب
peuples (m pl)	ʃu'ūb (pl)	شعوب
tribu (f)	qabīla (f)	قبيلة
tribus (f pl)	qabā'il (pl)	قبائل
Barbares (m pl)	al barābira (pl)	البرابرة
Gaulois (m pl)	al ɣalyūn (pl)	الغاليون
Goths (m pl)	al qūṭiyyūn (pl)	القوطيّون
Slaves (m pl)	as silāf (pl)	السلاف
Vikings (m pl)	al vaykinɣ (pl)	الفايكينغ
Romains (m pl)	ar rūmān (pl)	الرومان
romain (adj)	rumāniy	رومانيّ
byzantins (m pl)	bizanṭiyyūn (pl)	بيزنطيّون
Byzance (f)	bīzanṭa (f)	بيزنطة
byzantin (adj)	bizanṭiy	بيزنطيّ
empereur (m)	imbiraṭūr (m)	إمبراطور
chef (m)	za'īm (m)	زعيم
puissant (adj)	qawiy	قويّ

roi (m)	malik (m)	ملك
gouverneur (m)	ḥākim (m)	حاكم
chevalier (m)	fāris (m)	فارس
féodal (m)	iqṭā'iy (m)	إقطاعيّ
féodal (adj)	iqṭā'iy	إقطاعيّ
vassal (m)	muqta' (m)	مقطع
duc (m)	dūq (m)	دوق
comte (m)	īrl (m)	إيرل
baron (m)	barūn (m)	بارون
évêque (m)	usquf (m)	أسقف
armure (f)	dir' (m)	درع
bouclier (m)	turs (m)	ترس
glaive (m)	sayf (m)	سيف
visière (f)	ḥāffa amāmiyya lil χūða (f)	حافة أماميّة للخوذة
cotte (f) de mailles	dir' az zarad (m)	درع الزرد
croisade (f)	ḥamla ṣalībiyya (f)	حملة صليبيّة
croisé (m)	ṣalībiy (m)	صليبيّ
territoire (m)	arḍ (f)	أرض
attaquer (~ un pays)	haʒam	هجم
conquérir (vt)	fataḥ	فتح
occuper (envahir)	iḥtall	إحتلّ
siège (m)	ḥiṣār (m)	حصار
assiégé (adj)	muḥāṣar	محاصر
assiéger (vt)	ḥāṣar	حاصر
inquisition (f)	maḥākim at taftīʃ (pl)	محاكم التفتيش
inquisiteur (m)	mufattiʃ (m)	مفتّش
torture (f)	ta'ðīb (m)	تعذيب
cruel (adj)	qās	قاس
hérétique (m)	harṭūqiy (m)	هرطوقيّ
hérésie (f)	harṭaqa (f)	هرطقة
navigation (f) en mer	as safar bil baḥr (m)	السفر بالبحر
pirate (m)	qurṣān (m)	قرصان
piraterie (f)	qarṣana (f)	قرصنة
abordage (m)	muhāʒmat safīna (f)	مهاجمة سفينة
butin (m)	ɣanīma (f)	غنيمة
trésor (m)	kunūz (pl)	كنوز
découverte (f)	iktiʃāf (m)	إكتشاف
découvrir (vt)	iktaʃaf	إكتشف
expédition (f)	ba'θa (f)	بعثة
mousquetaire (m)	fāris (m)	فارس
cardinal (m)	kardināl (m)	كاردينال
héraldique (f)	ʃi'ārāt an nabāla (pl)	شعارات النبالة
héraldique (adj)	χāṣṣ bi ʃi'ārāt an nabāla	خاصّ بشعارات النبالة

159. Les dirigeants. Les responsables. Les autorités

roi (m)	malik (m)	ملك
reine (f)	malika (f)	ملكة
royal (adj)	malakiy	ملكيّ
royaume (m)	mamlaka (f)	مملكة
prince (m)	amīr (m)	أمير
princesse (f)	amīra (f)	أميرة
président (m)	raˀīs (m)	رئيس
vice-président (m)	nāˀib ar raˀīs (m)	نائب الرئيس
sénateur (m)	ʿudw maʒlis aʃ ʃuyūχ (m)	عضو مجلس الشيوخ
monarque (m)	ʿāhil (m)	عاهل
gouverneur (m)	ḥākim (m)	حاكم
dictateur (m)	diktatūr (m)	ديكتاتور
tyran (m)	ṭāɣiya (f)	طاغية
magnat (m)	raˀsmāliy kabīr (m)	رأسمالي كبير
directeur (m)	mudīr (m)	مدير
chef (m)	raˀīs (m)	رئيس
gérant (m)	mudīr (m)	مدير
boss (m)	raˀīs (m), mudīr (m)	رئيس، مدير
patron (m)	ṣāḥib (m)	صاحب
leader (m)	zaˀīm (m)	زعيم
chef (m) (~ d'une délégation)	raˀīs (m)	رئيس
autorités (f pl)	suluṭāt (pl)	سلطات
supérieurs (m pl)	ruˀasāˀ (pl)	رؤساء
gouverneur (m)	muḥāfiz (m)	محافظ
consul (m)	qunṣul (m)	قنصل
diplomate (m)	diblumāsiy (m)	دبلوماسيّ
maire (m)	raˀīs al baladiyya (m)	رئيس البلديّة
shérif (m)	ʃarīf (m)	شريف
empereur (m)	imbiraṭūr (m)	إمبراطور
tsar (m)	qayṣar (m)	قيصر
pharaon (m)	firˀawn (m)	فرعون
khan (m)	χān (m)	خان

160. Les crimes. Les criminels. Partie 1

bandit (m)	qāṭiˀ ṭarīq (m)	قاطع طريق
crime (m)	ʒarīma (f)	جريمة
criminel (m)	muʒrim (m)	مجرم
voleur (m)	sāriq (m)	سارق
voler (qch à qn)	saraq	سرق
vol (m)	sirqa (f)	سرقة
kidnapper (vt)	χaṭaf	خطف
kidnapping (m)	χaṭf (m)	خطف

kidnappeur (m)	χāṭif (m)	خاطف
rançon (f)	fidya (f)	فدية
exiger une rançon	ṭalab fidya	طلب فدية
cambrioler (vt)	nahab	نهب
cambriolage (m)	nahb (m)	نهب
cambrioleur (m)	nahhāb (m)	نهّاب
extorquer (vt)	balṭaʒ	بلطج
extorqueur (m)	balṭaʒiy (m)	بلطجي
extorsion (f)	balṭaʒa (f)	بلطجة
tuer (vt)	qatal	قتل
meurtre (m)	qatl (m)	قتل
meurtrier (m)	qātil (m)	قاتل
coup (m) de feu	ṭalaqat nār (f)	طلقة نار
tirer un coup de feu	aṭlaq an nār	أطلق النار
abattre (par balle)	qatal bir ruṣāṣ	قتل بالرصاص
tirer (vi)	aṭlaq an nār	أطلق النار
coups (m pl) de feu	iṭlāq an nār (m)	إطلاق النار
incident (m)	ḥādiθ (m)	حادث
bagarre (f)	ʻirāk (m)	عراك
Au secours!	sāʻidni	ساعدني!
victime (f)	ḍaḥiyya (f)	ضحية
endommager (vt)	atlaf	أتلف
dommage (m)	χasāra (f)	خسارة
cadavre (m)	ʒuθθa (f)	جثّة
grave (~ crime)	ʻanīf	عنيف
attaquer (vt)	haʒam	هجم
battre (frapper)	ḍarab	ضرب
passer à tabac	ḍarab	ضرب
prendre (voler)	salab	سلب
poignarder (vt)	ṭaʻan ḥatta al mawt	طعن حتّى الموت
mutiler (vt)	ʃawwah	شوّه
blesser (vt)	ʒaraḥ	جرح
chantage (m)	balṭaʒa (f)	بلطجة
faire chanter	ibtazz	إبتزّ
maître (m) chanteur	mubtazz (m)	مبتزّ
racket (m) de protection	naṣb (m)	نصب
racketteur (m)	naṣṣāb (m)	نصّاب
gangster (m)	raʒul ʻiṣāba (m)	رجل عصابة
mafia (f)	māfia (f)	مافيا
pickpocket (m)	naʃʃāl (m)	نشّال
cambrioleur (m)	liṣṣ buyūt (m)	لصّ بيوت
contrebande (f) (trafic)	tahrīb (m)	تهريب
contrebandier (m)	muharrib (m)	مهرب
contrefaçon (f)	tazwīr (m)	تزوير
falsifier (vt)	zawwar	زوّر
faux (falsifié)	muzawwar	مزوّر

161. Les crimes. Les criminels. Partie 2

viol (m)	iɣtiṣāb (m)	إغتصاب
violer (vt)	iɣtaṣab	إغتصب
violeur (m)	muɣtaṣib (m)	مغتصب
maniaque (m)	mahwūs (m)	مهووس
prostituée (f)	'āhira (f)	عاهرة
prostitution (f)	da'āra (f)	دعارة
souteneur (m)	qawwād (m)	قوّاد
drogué (m)	mudmin muχaddirāt (m)	مدمن مخدّرات
trafiquant (m) de drogue	tāʒir muχaddirāt (m)	تاجر مخدّرات
faire exploser	faʒʒar	فجّر
explosion (f)	infiʒār (m)	إنفجار
mettre feu	aʃʃal an nār	أشعل النار
incendiaire (m)	muʃʃil ḥarīq (m)	مشعل حريق
terrorisme (m)	irhāb (m)	إرهاب
terroriste (m)	irhābiy (m)	إرهابيّ
otage (m)	rahīna (m)	رهينة
escroquer (vt)	iḥtāl	إحتال
escroquerie (f)	iḥtiyāl (m)	إحتيال
escroc (m)	muḥtāl (m)	محتال
soudoyer (vt)	raʃa	رشا
corruption (f)	irtiʃā' (m)	إرتشاء
pot-de-vin (m)	raʃwa (f)	رشوة
poison (m)	samm (m)	سمّ
empoisonner (vt)	sammam	سمّم
s'empoisonner (vp)	sammam nafsahu	سمّم نفسه
suicide (m)	intiḥār (m)	إنتحار
suicidé (m)	muntaḥir (m)	منتحر
menacer (vt)	haddad	هدّد
menace (f)	tahdīd (m)	تهديد
attenter (vt)	ḥāwal iɣtiyāl	حاول الإغتيال
attentat (m)	muḥāwalat iɣtiyāl (f)	محاولة إغتيال
voler (un auto)	saraq	سرق
détourner (un avion)	iχtaṭaf	إختطف
vengeance (f)	intiqām (m)	إنتقام
se venger (vp)	intaqam	إنتقم
torturer (vt)	'aððab	عذّب
torture (f)	ta'ðīb (m)	تعذيب
tourmenter (vt)	'aððab	عذّب
pirate (m)	qurṣān (m)	قرصان
voyou (m)	wabaʃ (m)	وبش

armé (adj)	musallaḥ	مسلّح
violence (f)	'unf (m)	عنف
illégal (adj)	ɣayr qānūniy	غير قانونيّ
espionnage (m)	taӡassas (m)	تجسّس
espionner (vt)	taӡassas	تجسّس

162. La police. La justice. Partie 1

justice (f)	qaḍā' (m)	قضاء
tribunal (m)	maḥkama (f)	محكمة
juge (m)	qāḍi (m)	قاض
jury (m)	muḥallafūn (pl)	محلّفون
cour (f) d'assises	qaḍā' al muḥallafīn (m)	قضاء المحلّفين
juger (vt)	ḥakam	حكم
avocat (m)	muḥāmi (m)	محام
accusé (m)	mudda'a 'alayh (m)	مدّعى عليه
banc (m) des accusés	qafṣ al ittihām (m)	قفص الإتّهام
inculpation (f)	ittihām (m)	إتّهام
inculpé (m)	muttaham (m)	متّهم
condamnation (f)	ḥukm (m)	حكم
condamner (vt)	ḥakam	حكم
coupable (m)	muðnib (m)	مذنب
punir (vt)	'āqab	عاقب
punition (f)	'uqūba (f),'iqāb (m)	عقوبة, عقاب
amende (f)	ɣarāma (f)	غرامة
détention (f) à vie	siӡn mada al ḥayāt (m)	سجن مدى الحياة
peine (f) de mort	'uqūbat 'i'dām (f)	عقوبة إعدام
chaise (f) électrique	kursiy kaharabā'iy (m)	كرسيّ كهربائيّ
potence (f)	maʃnaqa (f)	مشنقة
exécuter (vt)	a'dam	أعدم
exécution (f)	i'dām (m)	إعدام
prison (f)	siӡn (m)	سجن
cellule (f)	zinzāna (f)	زنزانة
escorte (f)	ḥirāsa (f)	حراسة
gardien (m) de prison	ḥāris siӡn (m)	حارس سجن
prisonnier (m)	saӡīn (m)	سجين
menottes (f pl)	aṣfād (pl)	أصفاد
mettre les menottes	ṣaffad	صفّد
évasion (f)	hurūb min as siӡn (m)	هروب من السجن
s'évader (vp)	harab	هرب
disparaître (vi)	iχtafa	إختفى
libérer (vt)	aχla sabīl	أخلى سبيل

amnistie (f)	ʿafw ʿāmm (m)	عفو عامّ
police (f)	ʃurṭa (f)	شرطة
policier (m)	ʃurṭiy (m)	شرطيّ
commissariat (m) de police	qism ʃurṭa (m)	قسم شرطة
matraque (f)	hirāwat aʃ ʃurṭiy (f)	هراوة الشرطيّ
haut parleur (m)	būq (m)	بوق
voiture (f) de patrouille	sayyārat dawrīyyāt (f)	سيّارة دوريّات
sirène (f)	ṣaffārat inðār (f)	صفّارة إنذار
enclencher la sirène	aṭlaq sirīna	أطلق سرينة
hurlement (m) de la sirène	ṣawt sirīna (m)	صوت سرينة
lieu (m) du crime	masraḥ al ʒarīma (m)	مسرح الجريمة
témoin (m)	ʃāhid (m)	شاهد
liberté (f)	ḥurriyya (f)	حرّيّة
complice (m)	ʃarīk fil ʒarīma (m)	شريك في الجريمة
s'enfuir (vp)	harab	هرب
trace (f)	aθar (m)	أثر

163. La police. La justice. Partie 2

recherche (f)	baḥθ (m)	بحث
rechercher (vt)	baḥaθ	بحث
suspicion (f)	ʃubha (f)	شبهة
suspect (adj)	maʃbūh	مشبوه
arrêter (dans la rue)	awqaf	أوقف
détenir (vt)	iʿtaqal	إعتقل
affaire (f) (~ pénale)	qaḍiyya (f)	قضيّة
enquête (f)	taḥqīq (m)	تحقيق
détective (m)	muḥaqqiq (m)	محقّق
enquêteur (m)	mufattiʃ (m)	مفتّش
hypothèse (f)	riwāya (f)	رواية
motif (m)	dāfiʿ (m)	دافع
interrogatoire (m)	istiʒwāb (m)	إستجواب
interroger (vt)	istaʒwab	إستجوب
interroger (~ les voisins)	istanṭaq	إستنطق
inspection (f)	faḥṣ (m)	فحص
rafle (f)	ʒamʿ (m)	جمع
perquisition (f)	taftīʃ (m)	تفتيش
poursuite (f)	muṭārada (f)	مطاردة
poursuivre (vt)	ṭārad	طارد
dépister (vt)	tābaʿ	تابع
arrestation (f)	iʿtiqāl (m)	إعتقال
arrêter (vt)	iʿtaqal	إعتقل
attraper (~ un criminel)	qabaḍ	قبض
capture (f)	qabḍ (m)	قبض
document (m)	waθīqa (f)	وثيقة
preuve (f)	dalīl (m)	دليل
prouver (vt)	aθbat	أثبت

empreinte (f) de pied	baṣma (f)	بصمة
empreintes (f pl) digitales	baṣamāt al aṣābi' (pl)	بصمات الأصابع
élément (m) de preuve	dalīl (m)	دليل
alibi (m)	daf' bil ɣayba (f)	دفع بالغيبة
innocent (non coupable)	barī'	بريء
injustice (f)	ẓulm (m)	ظلم
injuste (adj)	ɣayr 'ādil	غير عادل
criminel (adj)	iʒrāmiy	إجراميّ
confisquer (vt)	ṣādar	صادر
drogue (f)	muxaddirāt (pl)	مخدّرات
arme (f)	silāḥ (m)	سلاح
désarmer (vt)	ʒarrad min as silāḥ	جرّد من السلاح
ordonner (vt)	amar	أمر
disparaître (vi)	ixtafa	إختفى
loi (f)	qānūn (m)	قانون
légal (adj)	qānūniy, ʃar'iy	قانونيّ، شرعيّ
illégal (adj)	ɣayr qanūny, ɣayr ʃar'i	غير قانونيّ، غير شرعيّ
responsabilité (f)	mas'ūliyya (f)	مسؤوليّة
responsable (adj)	mas'ūl (m)	مسؤول

LA NATURE

La Terre. Partie 1

164. L'espace cosmique

cosmos (m)	faḍā' (m)	فضاء
cosmique (adj)	faḍā'iy	فضائيّ
espace (m) cosmique	faḍā' (m)	فضاء
monde (m)	'ālam (m)	عالم
univers (m)	al kawn (m)	الكون
galaxie (f)	al maʒarra (f)	المجرّة
étoile (f)	naʒm (m)	نجم
constellation (f)	burʒ (m)	برج
planète (f)	kawkab (m)	كوكب
satellite (m)	qamar ṣinā'iy (m)	قمر صناعيّ
météorite (m)	ḥaʒar nayzakiy (m)	حجر نيزكيّ
comète (f)	muðannab (m)	مذنّب
astéroïde (m)	kuwaykib (m)	كويكب
orbite (f)	madār (m)	مدار
tourner (vi)	dār	دار
atmosphère (f)	al ɣilāf al ʒawwiy (m)	الغلاف الجوّيّ
Soleil (m)	aʃ ʃams (f)	الشمس
système (m) solaire	al maʒmū'a aʃ ʃamsiyya (f)	المجموعة الشمسيّة
éclipse (f) de soleil	kusūf aʃ ʃams (m)	كسوف الشمس
Terre (f)	al arḍ (f)	الأرض
Lune (f)	al qamar (m)	القمر
Mars (m)	al mirrīχ (m)	المرّيخ
Vénus (f)	az zahra (f)	الزهرة
Jupiter (m)	al muʃtari (m)	المشتري
Saturne (m)	zuḥal (m)	زحل
Mercure (m)	'aṭārid (m)	عطارد
Uranus (m)	urānus (m)	اورانوس
Neptune	nibtūn (m)	نبتون
Pluton (m)	blūtu (m)	بلوتو
la Voie Lactée	darb at tabbāna (m)	درب التبّانة
la Grande Ours	ad dubb al akbar (m)	الدبّ الأكبر
la Polaire	naʒm al 'quṭb (m)	نجم القطب
martien (m)	sākin al mirrīχ (m)	ساكن المرّيخ
extraterrestre (m)	faḍā'iy (m)	فضائيّ

| alien (m) | faḍā'iy (m) | فضائيّ |
| soucoupe (f) volante | ṭabaq ṭā'ir (m) | طبق طائر |

vaisseau (m) spatial	markaba faḍā'iyya (f)	مركبة فضائيّة
station (f) orbitale	maḥaṭṭat faḍā' (f)	محطّة فضاء
lancement (m)	inṭilāq (m)	إنطلاق

moteur (m)	mutūr (m)	موتور
tuyère (f)	manfaθ (m)	منفث
carburant (m)	wuqūd (m)	وقود

cabine (f)	kabīna (f)	كابينة
antenne (f)	hawā'iy (m)	هوائيّ
hublot (m)	kuwwa mustadīra (f)	كوّة مستديرة
batterie (f) solaire	lawḥ ʃamsiy (m)	لوح شمسيّ
scaphandre (m)	baðlat al faḍā' (f)	بذلة الفضاء

| apesanteur (f) | in'idām al wazn (m) | إنعدام الوزن |
| oxygène (m) | uksiʒīn (m) | أكسجين |

| arrimage (m) | rasw (m) | رسو |
| s'arrimer à ... | rasa | رسا |

observatoire (m)	marṣad (m)	مرصد
télescope (m)	tiliskūp (m)	تلسكوب
observer (vt)	rāqab	راقب
explorer (un cosmos)	istakʃaf	إستكشف

165. La Terre

Terre (f)	al arḍ (f)	الأرض
globe (m) terrestre	al kura al arḍiyya (f)	الكرة الأرضيّة
planète (f)	kawkab (m)	كوكب

atmosphère (f)	al ɣilāf al ʒawwiy (m)	الغلاف الجوّيّ
géographie (f)	ʒuɣrāfiya (f)	جغرافيا
nature (f)	ṭabī'a (f)	طبيعة

globe (m) de table	namūðaʒ lil kura al arḍiyya (m)	نموذج للكرة الأرضيّة
carte (f)	χarīṭa (f)	خريطة
atlas (m)	aṭlas (m)	أطلس

| Europe (f) | urūbba (f) | أوروبّا |
| Asie (f) | 'āsiya (f) | آسيا |

| Afrique (f) | afrīqiya (f) | أفريقيا |
| Australie (f) | usturāliya (f) | أستراليا |

Amérique (f)	amrīka (f)	أمريكا
Amérique (f) du Nord	amrīka aʃ ʃimāliyya (f)	أمريكا الشماليّة
Amérique (f) du Sud	amrīka al ʒanūbiyya (f)	أمريكا الجنوبيّة

| l'Antarctique (m) | al quṭb al ʒanūbiy (m) | القطب الجنوبيّ |
| l'Arctique (m) | al quṭb aʃ ʃimāliy (m) | القطب الشماليّ |

166. Les quatre parties du monde

nord (m)	ʃimāl (m)	شمال
vers le nord	ilaʃ ʃimāl	إلى الشمال
au nord	fiʃ ʃimāl	في الشمال
du nord (adj)	ʃimāliy	شماليّ
sud (m)	ʒanūb (m)	جنوب
vers le sud	ilal ʒanūb	إلى الجنوب
au sud	fil ʒanūb	في الجنوب
du sud (adj)	ʒanūbiy	جنوبيّ
ouest (m)	ɣarb (m)	غرب
vers l'occident	ilal ɣarb	إلى الغرب
à l'occident	fil ɣarb	في الغرب
occidental (adj)	ɣarbiy	غربيّ
est (m)	ʃarq (m)	شرق
vers l'orient	ilaʃ ʃarq	إلى الشرق
à l'orient	fiʃ ʃarq	في الشرق
oriental (adj)	ʃarqiy	شرقيّ

167. Les ocèans et les mers

mer (f)	baḥr (m)	بحر
océan (m)	muḥīṭ (m)	محيط
golfe (m)	χalīʒ (m)	خليج
détroit (m)	maḍīq (m)	مضيق
terre (f) ferme	barr (m)	برّ
continent (m)	qārra (f)	قارّة
île (f)	ʒazīra (f)	جزيرة
presqu'île (f)	ʃibh ʒazīra (f)	شبه جزيرة
archipel (m)	maʒmū'at ʒuzur (f)	مجموعة جزر
baie (f)	χalīʒ (m)	خليج
port (m)	mīnā' (m)	ميناء
lagune (f)	buḥayra ʃāṭi'a (f)	بحيرة شاطئة
cap (m)	ra's (m)	رأس
atoll (m)	ʒazīra marʒāniyya istiwā'iyya (f)	جزيرة مرجانيّة إستوائيّة
récif (m)	ʃi'āb (pl)	شعاب
corail (m)	murʒān (m)	مرجان
récif (m) de corail	ʃi'āb marʒāniyya (pl)	شعاب مرجانيّة
profond (adj)	'amīq	عميق
profondeur (f)	'umq (m)	عمق
abîme (m)	mahwāt (f)	مهواة
fosse (f) océanique	χandaq (m)	خندق
courant (m)	tayyār (m)	تيّار
baigner (vt) (mer)	aḥāṭ	أحاط

| littoral (m) | sāḥil (m) | ساحل |
| côte (f) | sāḥil (m) | ساحل |

marée (f) haute	madd (m)	مَدّ
marée (f) basse	ʒazr (m)	جزر
banc (m) de sable	miyāh ḍaḥla (f)	مياه ضحلة
fond (m)	qāʿ (m)	قاع

vague (f)	mawʒa (f)	موجة
crête (f) de la vague	qimmat mawʒa (f)	قمّة موجة
mousse (f)	zabad al baḥr (m)	زبد البحر

tempête (f) en mer	ʿāṣifa (f)	عاصفة
ouragan (m)	iʿṣār (m)	إعصار
tsunami (m)	tsunāmi (m)	تسونامي
calme (m)	hudūʾ (m)	هدوء
calme (tranquille)	hādiʾ	هادئ

| pôle (m) | quṭb (m) | قطب |
| polaire (adj) | quṭby | قطبيّ |

latitude (f)	ʿarḍ (m)	عرض
longitude (f)	ṭūl (m)	طول
parallèle (f)	mutawāzi (m)	متواز
équateur (m)	xaṭṭ al istiwāʾ (m)	خط الإستواء

ciel (m)	samāʾ (f)	سماء
horizon (m)	ufuq (m)	أفق
air (m)	hawāʾ (m)	هواء

phare (m)	manāra (f)	منارة
plonger (vi)	ɣāṣ	غاص
sombrer (vi)	ɣariq	غرق
trésor (m)	kunūz (pl)	كنوز

168. Les montagnes

montagne (f)	ʒabal (m)	جبل
chaîne (f) de montagnes	silsilat ʒibāl (f)	سلسلة جبال
crête (f)	qimam ʒabaliyya (pl)	قمم جبليّة

sommet (m)	qimma (f)	قمّة
pic (m)	qimma (f)	قمّة
pied (m)	asfal (m)	أسفل
pente (f)	munḥadar (m)	منحدر

volcan (m)	burkān (m)	بركان
volcan (m) actif	burkān naʃiṭ (m)	بركان نشط
volcan (m) éteint	burkān xāmid (m)	بركان خامد

éruption (f)	θawrān (m)	ثوران
cratère (m)	fūhat al burkān (f)	فوهة البركان
magma (m)	māɣma (f)	ماغما
lave (f)	ḥumam burkāniyya (pl)	حمم بركانيّة

en fusion (lave ~)	munṣahira	منصهرة
canyon (m)	tal'a (m)	تلعة
défilé (m) (gorge)	wādi ḍayyiq (m)	واد ضيّق
crevasse (f)	ʃaqq (m)	شقّ
précipice (m)	hāwiya (f)	هاوية
col (m) de montagne	mamarr ʒabaliy (m)	ممرّ جبليّ
plateau (m)	haḍba (f)	هضبة
rocher (m)	ʒurf (m)	جرف
colline (f)	tall (m)	تلّ
glacier (m)	nahr ʒalīdiy (m)	نهر جليديّ
chute (f) d'eau	ʃallāl (m)	شلّال
geyser (m)	fawwāra ḥārra (m)	فوّارة حارّة
lac (m)	buḥayra (f)	بحيرة
plaine (f)	sahl (m)	سهل
paysage (m)	manẓar ṭabīʿiy (m)	منظر طبيعيّ
écho (m)	ṣada (m)	صدى
alpiniste (m)	mutasalliq al ʒibāl (m)	متسلّق الجبال
varappeur (m)	mutasalliq ṣuxūr (m)	متسلّق صخور
conquérir (vt)	taɣallab 'ala	تغلّب على
ascension (f)	tasalluq (m)	تسلّق

169. Les fleuves

rivière (f), fleuve (m)	nahr (m)	نهر
source (f)	'ayn (m)	عين
lit (m) (d'une rivière)	maʒra an nahr (m)	مجرى النهر
bassin (m)	ḥawḍ (m)	حوض
se jeter dans ...	ṣabb fi ...	صبّ في...
affluent (m)	rāfid (m)	رافد
rive (f)	ḍiffa (f)	ضفّة
courant (m)	tayyār (m)	تيّار
en aval	f ittiʒāh maʒra an nahr	في إتجاه مجرى النهر
en amont	ḍidd at tayyār	ضدّ التيّار
inondation (f)	ɣamr (m)	غمر
les grandes crues	fayaḍān (m)	فيضان
déborder (vt)	fāḍ	فاض
inonder (vt)	ɣamar	غمر
bas-fond (m)	miyāh ḍaḥla (f)	مياه ضحلة
rapide (m)	munḥadar an nahr (m)	منحدر النهر
barrage (m)	sadd (m)	سدّ
canal (m)	qanāt (f)	قناة
lac (m) de barrage	xazzān māʼiy (m)	خزّان مائيّ
écluse (f)	hawīs (m)	هويس
plan (m) d'eau	masṭaḥ māʼiy (m)	مسطح مائيّ
marais (m)	mustanqaʿ (m)	مستنقع

fondrière (f)	mustanqa' (m)	مستنقع
tourbillon (m)	dawwāma (f)	دوّامة
ruisseau (m)	ʒadwal mā'iy (m)	جدول مائيَ
potable (adj)	aʃ ʃurb	الشرب
douce (l'eau ~)	'aðb	عذب
glace (f)	ʒalīd (m)	جليد
être gelé	taʒammad	تجمّد

170. La forét

forêt (f)	ɣāba (f)	غابة
forestier (adj)	ɣāba	غابة
fourré (m)	ɣāba kaθīfa (f)	غابة كثيفة
bosquet (m)	ɣāba saɣīra (f)	غابة صغيرة
clairière (f)	minṭaqa uzīlat minha al aʃʒār (f)	منطقة أزيلت منها الأشجار
broussailles (f pl)	aʒama (f)	أجمة
taillis (m)	ʃuʒayrāt (pl)	شجيرات
sentier (m)	mamarr (m)	ممرَ
ravin (m)	wādi ḍayyiq (m)	واد ضيَق
arbre (m)	ʃaʒara (f)	شجرة
feuille (f)	waraqa (f)	ورقة
feuillage (m)	waraq (m)	ورق
chute (f) de feuilles	tasāquṭ al awrāq (m)	تساقط الأوراق
tomber (feuilles)	saqaṭ	سقط
sommet (m)	ra's (m)	رأس
rameau (m)	ɣuṣn (m)	غصن
branche (f)	ɣuṣn (m)	غصن
bourgeon (m)	bur'um (m)	برعم
aiguille (f)	ʃawka (f)	شوكة
pomme (f) de pin	kūz aṣ ṣanawbar (m)	كوز الصنوبر
creux (m)	ʒawf (m)	جوف
nid (m)	'uʃʃ (m)	عشّ
terrier (m) (~ d'un renard)	ʒuḥr (m)	جحر
tronc (m)	ʒiðʿ (m)	جذع
racine (f)	ʒiðr (m)	جذر
écorce (f)	liḥā' (m)	لحاء
mousse (f)	ṭuḥlub (m)	طحلب
déraciner (vt)	iqtalaʿ	إقتلع
abattre (un arbre)	qaṭaʿ	قطع
déboiser (vt)	azāl al ɣābāt	أزال الغابات
souche (f)	ʒiðʿ aʃ ʃaʒara (m)	جذع الشجرة
feu (m) de bois	nār muxayyam (m)	نار مخيَم

incendie (m)	ḥarīq ɣāba (m)	حريق غابة
éteindre (feu)	aṭfa'	أطفأ
garde (m) forestier	ḥāris al ɣāba (m)	حارس الغابة
protection (f)	ḥimāya (f)	حماية
protéger (vt)	ḥama	حمى
braconnier (m)	sāriq aṣ ṣayd (m)	سارق الصيد
piège (m) à mâchoires	maṣyada (f)	مصيدة
cueillir (vt)	ʒama'	جمع
s'égarer (vp)	tāh	تاه

171. Les ressources naturelles

ressources (f pl) naturelles	θarawāt ṭabī'iyya (pl)	ثروات طبيعيّة
minéraux (m pl)	ma'ādin (pl)	معادن
gisement (m)	makāmin (pl)	مكامن
champ (m) (~ pétrolifère)	ḥaql (m)	حقل
extraire (vt)	istaxraʒ	إستخرج
extraction (f)	istixrāʒ (m)	إستخراج
minerai (m)	xām (m)	خام
mine (f) (site)	manʒam (m)	منجم
puits (m) de mine	manʒam (m)	منجم
mineur (m)	'āmil manʒam (m)	عامل منجم
gaz (m)	ɣāz (m)	غاز
gazoduc (m)	xaṭṭ anābīb ɣāz (m)	خط أنابيب غاز
pétrole (m)	naft (m)	نفط
pipeline (m)	anābīb an naft (pl)	أنابيب النفط
tour (f) de forage	bi'r an naft (m)	بئر النفط
derrick (m)	ḥaffāra (f)	حفّارة
pétrolier (m)	nāqilat an naft (f)	ناقلة النفط
sable (m)	raml (m)	رمل
calcaire (m)	ḥaʒar kalsiy (m)	حجر كلسيّ
gravier (m)	ḥaṣa (m)	حصى
tourbe (f)	xaθθ faḥm nabātiy (m)	خثّ فحم نباتيّ
argile (f)	ṭīn (m)	طين
charbon (m)	faḥm (m)	فحم
fer (m)	ḥadīd (m)	حديد
or (m)	ðahab (m)	ذهب
argent (m)	fiḍḍa (f)	فضّة
nickel (m)	nikil (m)	نيكل
cuivre (m)	nuḥās (m)	نحاس
zinc (m)	zink (m)	زنك
manganèse (m)	manɣanīz (m)	منغنيز
mercure (m)	zi'baq (m)	زئبق
plomb (m)	ruṣāṣ (m)	رصاص
minéral (m)	ma'dan (m)	معدن
cristal (m)	ballūra (f)	بلّورة

marbre (m)	ruχām (m)	رخام
uranium (m)	yurānuim (m)	يورانيوم

La Terre. Partie 2

172. Le temps

temps (m)	ṭaqs (m)	طقس
météo (f)	naʃra ʒawwiyya (f)	نشرة جوّية
température (f)	ḥarāra (f)	حرارة
thermomètre (m)	tirmūmitr (m)	ترمومتر
baromètre (m)	barūmitr (m)	بارومتر
humide (adj)	raṭib	رطب
humidité (f)	ruṭūba (f)	رطوبة
chaleur (f) (canicule)	ḥarāra (f)	حرارة
torride (adj)	ḥārr	حارّ
il fait très chaud	al ʒaww ḥārr	الجوّ حارّ
il fait chaud	al ʒaww dāfi'	الجوّ دافئ
chaud (modérément)	dāfi'	دافئ
il fait froid	al ʒaww bārid	الجوّ بارد
froid (adj)	bārid	بارد
soleil (m)	ʃams (f)	شمس
briller (soleil)	aḍā'	أضاء
ensoleillé (jour ~)	muʃmis	مشمس
se lever (vp)	ʃaraq	شرق
se coucher (vp)	ɣarab	غرب
nuage (m)	saḥāba (f)	سحابة
nuageux (adj)	ɣā'im	غائم
nuée (f)	saḥābat maṭar (f)	سحابة مطر
sombre (adj)	ɣā'im	غائم
pluie (f)	maṭar (m)	مطر
il pleut	innaha tamṭur	إنّها تمطر
pluvieux (adj)	mumṭir	ممطر
bruiner (v imp)	raðð	رذّ
pluie (f) torrentielle	maṭar munhamir (f)	مطر منهمر
averse (f)	maṭar ɣazīr (m)	مطر غزير
forte (la pluie ~)	ʃadīd	شديد
flaque (f)	birka (f)	بركة
se faire mouiller	ibtall	إبتلّ
brouillard (m)	ḍabāb (m)	ضباب
brumeux (adj)	muḍabbab	مضبّب
neige (f)	θalʒ (m)	ثلج
il neige	innaha taθluʒ	إنّها تثلج

173. Les intempéries. Les catastrophes naturelles

orage (m)	'āṣifa ra'diyya (f)	عاصفة رعديّة
éclair (m)	barq (m)	برق
éclater (foudre)	baraq	برق
tonnerre (m)	ra'd (m)	رعد
gronder (tonnerre)	ra'ad	رعد
le tonnerre gronde	tar'ad as samā'	ترعد السماء
grêle (f)	maṭar bard (m)	مطر برد
il grêle	tamṭur as samā' bardan	تمطر السماء بردًا
inonder (vt)	ɣamar	غمر
inondation (f)	fayaḍān (m)	فيضان
tremblement (m) de terre	zilzāl (m)	زلزال
secousse (f)	hazza arḍiyya (f)	هزّة أرضيّة
épicentre (m)	markaz az zilzāl (m)	مركز الزلزال
éruption (f)	θawrān (m)	ثوران
lave (f)	ḥumam burkāniyya (pl)	حمم بركانيّة
tourbillon (m), tornade (f)	i'ṣār (m)	إعصار
typhon (m)	ṭūfān (m)	طوفان
ouragan (m)	i'ṣār (m)	إعصار
tempête (f)	'āṣifa (f)	عاصفة
tsunami (m)	tsunāmi (m)	تسونامي
cyclone (m)	i'ṣār (m)	إعصار
intempéries (f pl)	ṭaqs sayyi' (m)	طقس سيّء
incendie (m)	ḥarīq (m)	حريق
catastrophe (f)	kāriθa (f)	كارثة
météorite (m)	ḥaʒar nayzakiy (m)	حجر نيزكيّ
avalanche (f)	inhiyār θalʒiy (m)	إنهيار ثلجيّ
éboulement (m)	inhiyār θalʒiy (m)	إنهيار ثلجيّ
blizzard (m)	'āṣifa θalʒiyya (f)	عاصفة ثلجيّة
tempête (f) de neige	'āṣifa θalʒiyya (f)	عاصفة ثلجيّة

La faune

174. Les mammifères. Les prédateurs

prédateur (m)	ḥayawān muftaris (m)	حيوان مفترس
tigre (m)	namir (m)	نمر
lion (m)	asad (m)	أسد
loup (m)	ðiʾb (m)	ذئب
renard (m)	θaʿlab (m)	ثعلب
jaguar (m)	namir amrīkiy (m)	نمر أمريكيّ
léopard (m)	fahd (m)	فهد
guépard (m)	namir ṣayyād (m)	نمر صيّاد
panthère (f)	namir aswad (m)	نمر أسود
puma (m)	būma (m)	بوما
léopard (m) de neiges	namir aθ θulūʒ (m)	نمر الثلوج
lynx (m)	waʃaq (m)	وشق
coyote (m)	qayūṭ (m)	قيوط
chacal (m)	ibn ʾāwa (m)	ابن آوى
hyène (f)	ḍabuʿ (m)	ضبع

175. Les animaux sauvages

animal (m)	ḥayawān (m)	حيوان
bête (f)	ḥayawān (m)	حيوان
écureuil (m)	sinʒāb (m)	سنجاب
hérisson (m)	qumfuð (m)	قنفذ
lièvre (m)	arnab barriy (m)	أرنب برّيّ
lapin (m)	arnab (m)	أرنب
blaireau (m)	ɣarīr (m)	غرير
raton (m)	rākūn (m)	راكون
hamster (m)	qidād (m)	قداد
marmotte (f)	marmuṭ (m)	مرموط
taupe (f)	χuld (m)	خلد
souris (f)	faʾr (m)	فأر
rat (m)	ʒurað (m)	جرذ
chauve-souris (f)	χuffāʃ (m)	خفّاش
hermine (f)	qāqum (m)	قاقم
zibeline (f)	sammūr (m)	سمّور
martre (f)	dalaq (m)	دلق
belette (f)	ibn ʿirs (m)	إبن عرس
vison (m)	mink (m)	منك

| castor (m) | qundus (m) | قندس |
| loutre (f) | quḍā'a (f) | قضاعة |

cheval (m)	ḥiṣān (m)	حصان
élan (m)	mūz (m)	موظ
cerf (m)	ayyil (m)	أيَل
chameau (m)	ʒamal (m)	جمل

bison (m)	bisūn (m)	بيسون
aurochs (m)	θawr barriy (m)	ثور بريّ
buffle (m)	ʒāmūs (m)	جاموس

zèbre (m)	ḥimār zarad (m)	حمار زرد
antilope (f)	ẓabiy (m)	ظبي
chevreuil (m)	yaḥmūr (m)	يحمور
biche (f)	ayyil asmar urubbiy (m)	أيَل أسمر أوروبّيّ
chamois (m)	ʃamwāh (f)	شامواه
sanglier (m)	χinzīr barriy (m)	خنزير بريّ

baleine (f)	ḥūt (m)	حوت
phoque (m)	fuqma (f)	فقمة
morse (m)	faẓẓ (m)	فظّ
ours (m) de mer	fuqmat al firā' (f)	فقمة الفراء
dauphin (m)	dilfīn (m)	دلفين

ours (m)	dubb (m)	دبّ
ours (m) blanc	dubb quṭbiy (m)	دبّ قطبيّ
panda (m)	bānda (m)	باندا

singe (m)	qird (m)	قرد
chimpanzé (m)	ʃimbanzi (m)	شيمبانزي
orang-outang (m)	urangutān (m)	أورنغوتان
gorille (m)	ɣurīlla (f)	غوريلا
macaque (m)	qird al makāk (m)	قرد المكاك
gibbon (m)	ʒibbūn (m)	جيبون

éléphant (m)	fīl (m)	فيل
rhinocéros (m)	χartīt (m)	خرتيت
girafe (f)	zarāfa (f)	زرافة
hippopotame (m)	faras an nahr (m)	فرس النهر

| kangourou (m) | kanɣar (m) | كنغر |
| koala (m) | kuala (m) | كوالا |

mangouste (f)	nims (m)	نمس
chinchilla (m)	ʃinʃila (f)	شنشيلة
mouffette (f)	ẓaribān (m)	ظربان
porc-épic (m)	nīṣ (m)	نيص

176. Les animaux domestiques

chat (m) (femelle)	qiṭṭa (f)	قطّة
chat (m) (mâle)	ðakar al qiṭṭ (m)	ذكر القطّ
chien (m)	kalb (m)	كلب

cheval (m)	ḥiṣān (m)	حصان
étalon (m)	faḥl al χayl (m)	فحل الخيل
jument (f)	unθa al faras (f)	أنثى الفرس
vache (f)	baqara (f)	بقرة
taureau (m)	θawr (m)	ثور
bœuf (m)	θawr (m)	ثور
brebis (f)	χarūf (f)	خروف
mouton (m)	kabʃ (m)	كبش
chèvre (f)	mā'iz (m)	ماعز
bouc (m)	ðakar al mā'ið (m)	ذكر الماعز
âne (m)	ḥimār (m)	حمار
mulet (m)	baɣl (m)	بغل
cochon (m)	χinzīr (m)	خنزير
pourceau (m)	χannūṣ (m)	خنّوص
lapin (m)	arnab (m)	أرنب
poule (f)	daʒāʒa (f)	دجاجة
coq (m)	dīk (m)	ديك
canard (m)	baṭṭa (f)	بطّة
canard (m) mâle	ðakar al baṭṭ (m)	ذكر البطّ
oie (f)	iwazza (f)	إوزّة
dindon (m)	dīk rūmiy (m)	ديك رومي
dinde (f)	daʒāʒ rūmiy (m)	دجاج رومي
animaux (m pl) domestiques	ḥayawānāt dawāʒin (pl)	حيوانات دواجن
apprivoisé (adj)	alīf	أليف
apprivoiser (vt)	allaf	ألّف
élever (vt)	rabba	ربّى
ferme (f)	mazra'a (f)	مزرعة
volaille (f)	ṭuyūr dāʒina (pl)	طيور داجنة
bétail (m)	māʃiya (f)	ماشية
troupeau (m)	qaṭī' (m)	قطيع
écurie (f)	isṭabl χayl (m)	إسطبل خيل
porcherie (f)	ḥaẓīrat al χanāzīr (f)	حظيرة الخنازير
vacherie (f)	zirībat al baqar (f)	زريبة البقر
cabane (f) à lapins	qunn al arānib (m)	قنّ الأرانب
poulailler (m)	qunn ad daʒāʒ (m)	قن الدجاج

177. Le chien. Les races

chien (m)	kalb (m)	كلب
berger (m)	kalb ra'y (m)	كلب رعي
berger (m) allemand	kalb ar rā'i al almāniy (m)	كلب الراعي الألمانيّ
caniche (f)	būdli (m)	بودل
teckel (m)	daʃhund (m)	دشهند
bouledogue (m)	bulduɣ (m)	بلدغ

boxer (m)	buksir (m)	بوكسر
mastiff (m)	mastīf (m)	ماستيف
rottweiler (m)	rut vāylir (m)	روت فايلر
doberman (m)	dubirmān (m)	دوبرمان
basset (m)	bāsit (m)	باسيت
bobtail (m)	bubteyl (m)	بوبتيل
dalmatien (m)	kalb dalmāsiy (m)	كلب دلماسي
cocker (m)	kukkir spaniil (m)	كوكر سبانييل
terre-neuve (m)	nyu faundland (m)	نيوفاوندلاند
saint-bernard (m)	san birnār (m)	سنبرنار
husky (m)	haski (m)	هاسكي
chow-chow (m)	tʃaw tʃaw (m)	تشاوتشاو
spitz (m)	ʃbītz (m)	شبيتز
carlin (m)	bāk (m)	باك

178. Les cris des animaux

aboiement (m)	nubāḥ (m)	نباح
aboyer (vi)	nabaḥ	نبح
miauler (vi)	mā'	ماء
ronronner (vi)	χarχar	خرخر
meugler (vi)	χār	خار
beugler (taureau)	χār	خار
rugir (chien)	damdam	دمدم
hurlement (m)	'uwā' (m)	عواء
hurler (loup)	'awa	عوى
geindre (vi)	'awa	عوى
bêler (vi)	ma'ma'	مأمأ
grogner (cochon)	qaba'	قبع
glapir (cochon)	ṣāḥ	صاح
coasser (vi)	naqq	نقّ
bourdonner (vi)	ṭann	طنّ
striduler (vi)	zaqzaq	زقزق

179. Les oiseaux

oiseau (m)	ṭā'ir (m)	طائر
pigeon (m)	ḥamāma (f)	حمامة
moineau (m)	'uṣfūr (m)	عصفور
mésange (f)	qurquf (m)	قرقف
pie (f)	'aq'aq (m)	عقعق
corbeau (m)	γurāb aswad (m)	غراب أسود
corneille (f)	γurāb (m)	غراب
choucas (m)	zāγ (m)	زاغ

freux (m)	ɣurāb al qayẓ (m)	غراب القيظ
canard (m)	baṭṭa (f)	بطّة
oie (f)	iwazza (f)	إوزّة
faisan (m)	tadarruʒ (m)	تدرج
aigle (m)	nasr (m)	نسر
épervier (m)	bāz (m)	باز
faucon (m)	ṣaqr (m)	صقر
vautour (m)	raɣam (m)	رخم
condor (m)	kundūr (m)	كندور
cygne (m)	timma (m)	تمّة
grue (f)	kurkiy (m)	كركي
cigogne (f)	laqlaq (m)	لقلق
perroquet (m)	babaɣā' (m)	ببغاء
colibri (m)	ṭannān (m)	طنّان
paon (m)	ṭāwūs (m)	طاووس
autruche (f)	na'āma (f)	نعامة
héron (m)	balaʃūn (m)	بلشون
flamant (m)	nuḥām wardiy (m)	نحام ورديّ
pélican (m)	baʒa'a (f)	بجعة
rossignol (m)	bulbul (m)	بلبل
hirondelle (f)	sunūnū (m)	سنونو
merle (m)	sumna (m)	سمنة
grive (f)	summuna muɣarrida (m)	سمنة مغرّدة
merle (m) noir	ʃaḥrūr aswad (m)	شحرور أسود
martinet (m)	samāma (m)	سمامة
alouette (f) des champs	qubbara (f)	قبّرة
caille (f)	sammān (m)	سمّان
pivert (m)	naqqār al xaʃab (m)	نقّار الخشب
coucou (m)	waqwāq (m)	وقواق
chouette (f)	būma (f)	بومة
hibou (m)	būm urāsiy (m)	بوم أوراسيّ
tétras (m)	dīk il xalanʒ (m)	ديك الخلنج
tétras-lyre (m)	ṭayhūʒ aswad (m)	طيهوج أسود
perdrix (f)	ḥaʒal (m)	حجل
étourneau (m)	zurzūr (m)	زرزور
canari (m)	kanāriy (m)	كناريّ
gélinotte (f) des bois	ṭayhūʒ il bunduq (m)	طيهوج البندق
pinson (m)	ʃurʃūr (m)	شرشور
bouvreuil (m)	diɣnāʃ (m)	دغناش
mouette (f)	nawras (m)	نورس
albatros (m)	al qaṭras (m)	القطرس
pingouin (m)	biṭrīq (m)	بطريق

180. Les oiseaux. Le chant, les cris

chanter (vi)	ɣanna	غنّى
crier (vi)	nāda	نادى
chanter (le coq)	ṣāḥ	صاح
cocorico (m)	kukukuku	كوكوكوكو
glousser (vi)	qaraq	قرق
croasser (vi)	na'aq	نعق
cancaner (vi)	baṭbaṭ	بطبط
piauler (vi)	ṣa'ṣa'	صأصأ
pépier (vi)	zaqzaq	زقزق

181. Les poissons. Les animaux marins

brème (f)	abramīs (m)	أبراميس
carpe (f)	ʃabbūṭ (m)	شبّوط
perche (f)	farχ (m)	فرخ
silure (m)	qarmūṭ (m)	قرموط
brochet (m)	samak al karāki (m)	سمك الكراكي
saumon (m)	salmūn (m)	سلمون
esturgeon (m)	ḥaʃʃ (m)	حفش
hareng (m)	rinʒa (f)	رنجة
saumon (m) atlantique	salmūn aṭlasiy (m)	سلمون أطلسيّ
maquereau (m)	usqumriy (m)	أسقمريّ
flet (m)	samak mufalṭaḥ (f)	سمك مفلطح
sandre (f)	samak sandar (m)	سمك سندر
morue (f)	qudd (m)	قدّ
thon (m)	tūna (f)	تونة
truite (f)	salmūn muraqqaṭ (m)	سلمون مرقّط
anguille (f)	ḥankalīs (m)	حنكليس
torpille (f)	ra''ād (m)	رعّاد
murène (f)	murāy (m)	موراي
piranha (m)	birāna (f)	بيرانا
requin (m)	qirʃ (m)	قرش
dauphin (m)	dilfīn (m)	دلفين
baleine (f)	ḥūt (m)	حوت
crabe (m)	salṭa'ūn (m)	سلطعون
méduse (f)	qindīl al baḥr (m)	قنديل البحر
pieuvre (f), poulpe (m)	uχṭubūṭ (m)	أخطبوط
étoile (f) de mer	naʒmat al baḥr (f)	نجمة البحر
oursin (m)	qumfuð al baḥr (m)	قنفذ البحر
hippocampe (m)	ḥiṣān al baḥr (m)	فرس البحر
huître (f)	maḥār (m)	محار
crevette (f)	ʒambari (m)	جمبريّ

| homard (m) | istakūza (f) | إستكوزا |
| langoustine (f) | karkand ʃāik (m) | كركند شائك |

182. Les amphibiens. Les reptiles

| serpent (m) | θuʿbān (m) | ثعبان |
| venimeux (adj) | sāmm | سامّ |

vipère (f)	afʿa (f)	أفعى
cobra (m)	kūbra (m)	كوبرا
python (m)	biθūn (m)	بيثون
boa (m)	buwāʾ (f)	بواء

couleuvre (f)	θuʿbān al ʿuʃb (m)	ثعبان العشب
serpent (m) à sonnettes	afʿa al ʒalʒala (f)	أفعى الجلجلة
anaconda (m)	anakūnda (f)	أناكوندا

lézard (m)	siḥliyya (f)	سحليّة
iguane (m)	iɣwāna (f)	إغوانة
varan (m)	waral (m)	ورل
salamandre (f)	samandar (m)	سمندر
caméléon (m)	ḥirbāʾ (f)	حرباء
scorpion (m)	ʿaqrab (m)	عقرب

tortue (f)	sulaḥfāt (f)	سلحفاة
grenouille (f)	ḍifḍaʿ (m)	ضفدع
crapaud (m)	ḍifḍaʿ aṭ ṭīn (m)	ضفدع الطين
crocodile (m)	timsāḥ (m)	تمساح

183. Les insectes

insecte (m)	ḥaʃara (f)	حشرة
papillon (m)	farāʃa (f)	فراشة
fourmi (f)	namla (f)	نملة
mouche (f)	ðubāba (f)	ذبابة
moustique (m)	namūsa (f)	ناموسة
scarabée (m)	χunfusa (f)	خنفسة

guêpe (f)	dabbūr (m)	دبّور
abeille (f)	naḥla (f)	نحلة
bourdon (m)	naḥla ṭannāna (f)	نحلة طنّانة
œstre (m)	naʿra (f)	نعرة

| araignée (f) | ʿankabūt (m) | عنكبوت |
| toile (f) d'araignée | nasīʒ ʿankabūt (m) | نسيج عنكبوت |

libellule (f)	yaʿsūb (m)	يعسوب
sauterelle (f)	ʒarād (m)	جراد
papillon (m)	ʿitta (f)	عتّة

| cafard (m) | ṣurṣūr (m) | صرصور |
| tique (f) | qurāda (f) | قرادة |

puce (f)	burɣūθ (m)	برغوث
moucheron (m)	ba'ūḍa (f)	بعوضة
criquet (m)	ʒarād (m)	جراد
escargot (m)	ḥalzūn (m)	حلزون
grillon (m)	ṣarrār al layl (m)	صرّار الليل
luciole (f)	yarā'a muḍī'a (f)	يراعة مضيئة
coccinelle (f)	da'sūqa (f)	دعسوقة
hanneton (m)	χunfusa kabīra (f)	خنفسة كبيرة
sangsue (f)	'alaqa (f)	علقة
chenille (f)	yasrū' (m)	يسروع
ver (m)	dūda (f)	دودة
larve (f)	yaraqa (f)	يرقة

184. Les parties du corps des animaux

bec (m)	minqār (m)	منقار
ailes (f pl)	aʒniḥa (pl)	أجنحة
patte (f)	riʒl (f)	رجل
plumage (m)	rīʃ (m)	ريش
plume (f)	rīʃa (f)	ريشة
houppe (f)	tāʒ (m)	تاج
ouïes (f pl)	χayāʃīm (pl)	خياشيم
œufs (m pl)	bayḍ as samak (pl)	بيض السمك
larve (f)	yaraqa (f)	يرقة
nageoire (f)	zi'nifa (f)	زعنفة
écaille (f)	ḥarāfiʃ (pl)	حرافش
croc (m)	nāb (m)	ناب
patte (f)	qadam (f)	قدم
museau (m)	χaṭm (m)	خطم
gueule (f)	fam (m)	فم
queue (f)	ðayl (m)	ذيل
moustaches (f pl)	ʃawārib (pl)	شوارب
sabot (m)	ḥāfir (m)	حافر
corne (f)	qarn (m)	قرن
carapace (f)	dir' (m)	درع
coquillage (m)	maḥāra (f)	محارة
coquille (f) d'œuf	qiʃrat bayḍa (f)	قشرة بيضة
poil (m)	ʃa'r (m)	شعر
peau (f)	ʒild (m)	جلد

185. Les habitats des animaux

habitat (m) naturel	mawṭin (m)	موطن
migration (f)	hiʒra (f)	هجرة
montagne (f)	ʒabal (m)	جبل

récif (m)	ʃiʿāb (pl)	شعاب
rocher (m)	ʒurf (m)	جرف
forêt (f)	ɣāba (f)	غابة
jungle (f)	adɣāl (pl)	أدغال
savane (f)	savānna (f)	سافانا
toundra (f)	tundra (f)	تندرا
steppe (f)	sahb (m)	سهب
désert (m)	ṣaḥrā' (f)	صحراء
oasis (f)	wāḥa (f)	واحة
mer (f)	baḥr (m)	بحر
lac (m)	buḥayra (f)	بحيرة
océan (m)	muḥīṭ (m)	محيط
marais (m)	mustanqaʿ (m)	مستنقع
d'eau douce (adj)	al miyāh al ʿaðba	المياه العذبة
étang (m)	birka (f)	بركة
rivière (f), fleuve (m)	nahr (m)	نهر
tanière (f)	wakr (m)	وكر
nid (m)	ʿuʃʃ (m)	عشّ
creux (m)	ʒawf (m)	جوف
terrier (m) (~ d'un renard)	ʒuḥr (m)	جحر
fourmilière (f)	ʿuʃʃ naml (m)	عشّ نمل

La flore

186. Les arbres

arbre (m)	ʃaʒara (f)	شجرة
à feuilles caduques	nafḍiyya	نفضيّة
conifère (adj)	ṣanawbariyya	صنوبريّة
à feuilles persistantes	dã'imat al xuḍra	دائمة الخضرة
pommier (m)	ʃaʒarat tuffãḥ (f)	شجرة تفّاح
poirier (m)	ʃaʒarat kummaθra (f)	شجرة كمّثرى
merisier (m), cerisier (m)	ʃaʒarat karaz (f)	شجرة كرز
prunier (m)	ʃaʒarat barqūq (f)	شجرة برقوق
bouleau (m)	batūla (f)	بتولا
chêne (m)	ballūṭ (f)	بلّوط
tilleul (m)	ʃaʒarat zayzafūn (f)	شجرة زيزفون
tremble (m)	ḥawr raʒrãʒ (m)	حور رجراج
érable (m)	qayqab (f)	قيقب
épicéa (m)	ratinaʒ (f)	راتينج
pin (m)	ṣanawbar (f)	صنوبر
mélèze (m)	arziyya (f)	أرزيّة
sapin (m)	tannūb (f)	تنّوب
cèdre (m)	arz (f)	أرز
peuplier (m)	ḥawr (f)	حور
sorbier (m)	ɣubayrã' (f)	غبيراء
saule (m)	ṣafṣãf (f)	صفصاف
aune (m)	ʒãr il mã' (m)	جار الماء
hêtre (m)	zãn (m)	زان
orme (m)	dardãr (f)	دردار
frêne (m)	marãn (f)	مران
marronnier (m)	kastanã' (f)	كستناء
magnolia (m)	maɣnūliya (f)	مغنوليا
palmier (m)	naxla (f)	نخلة
cyprès (m)	sarw (f)	سرو
palétuvier (m)	ayka sãḥiliyya (f)	أيكة ساحليّة
baobab (m)	bãubãb (f)	باوباب
eucalyptus (m)	ukaliptus (f)	أوكاليبتوس
séquoia (m)	siqūya (f)	سيكويا

187. Les arbustes

buisson (m)	ʃuʒayra (f)	شجيرة
arbrisseau (m)	ʃuʒayrãt (pl)	شجيرات

vigne (f)	karma (f)	كرمة
vigne (f) (vignoble)	karam (m)	كرم
framboise (f)	tūt al 'ullayq al aḥmar (m)	توت العلّيق الأحمر
groseille (f) rouge	kiſmiſ aḥmar (m)	كشمش أحمر
groseille (f) verte	'inab aθ θa'lab (m)	عنب الثعلب
acacia (m)	sanṭ (f)	سنط
berbéris (m)	amīr barīs (m)	أمير باريس
jasmin (m)	yāsmīn (m)	ياسمين
genévrier (m)	'ar'ar (m)	عرعر
rosier (m)	ſuʒayrat ward (f)	شجيرة ورد
églantier (m)	ward ʒabaliy (m)	ورد جبليّ

188. **Les champignons**

champignon (m)	fuṭr (f)	فطر
champignon (m) comestible	fuṭr ṣāliḥ lil akl (m)	فطر صالح للأكل
champignon (m) vénéneux	fuṭr sāmm (m)	فطر سام
chapeau (m)	ṭarbūſ al fuṭr (m)	طربوش الفطر
pied (m)	sāq al fuṭr (m)	ساق الفطر
cèpe (m)	fuṭr bulīṭ ma'kūl (m)	فطر بوليط مأكول
bolet (m) orangé	fuṭr aḥmar (m)	فطر أحمر
bolet (m) bai	fuṭr bulīṭ (m)	فطر بوليط
girolle (f)	fuṭr kwīzi (m)	فطر كويزي
russule (f)	fuṭr russūla (m)	فطر روسّولا
morille (f)	fuṭr al ɣūſna (m)	فطر الغوشنة
amanite (f) tue-mouches	fuṭr amānīt aṭ ṭā'ir as sāmm (m)	فطر أمانيت الطائر السامّ
oronge (f) verte	fuṭr amānīt falusyāniy as sāmm (m)	فطر أمانيت فالوسياني السامّ

189. **Les fruits. Les baies**

fruit (m)	θamra (f)	ثمرة
fruits (m pl)	θamr (m)	ثمر
pomme (f)	tuffāḥa (f)	تفاحة
poire (f)	kummaθra (f)	كمّثرى
prune (f)	barqūq (m)	برقوق
fraise (f)	farawla (f)	فراولة
merise (f), cerise (f)	karaz (m)	كرز
raisin (m)	'inab (m)	عنب
framboise (f)	tūt al 'ullayq al aḥmar (m)	توت العلّيق الأحمر
cassis (m)	'inab aθ θa'lab al aswad (m)	عنب الثعلب الأسود
groseille (f) rouge	kiſmiſ aḥmar (m)	كشمش أحمر
groseille (f) verte	'inab aθ θa'lab (m)	عنب الثعلب
canneberge (f)	tūt aḥmar barriy (m)	توت أحمر برّيّ

orange (f)	burtuqāl (m)	برتقال
mandarine (f)	yūsufiy (m)	يوسفي
ananas (m)	ananās (m)	أناناس
banane (f)	mawz (m)	موز
datte (f)	tamr (m)	تمر

citron (m)	laymūn (m)	ليمون
abricot (m)	miʃmiʃ (f)	مشمش
pêche (f)	durrāq (m)	دراق
kiwi (m)	kiwi (m)	كيوي
pamplemousse (m)	zinbāʿ (m)	زنباع

baie (f)	ḥabba (f)	حبّة
baies (f pl)	ḥabbāt (pl)	حبّات
airelle (f) rouge	ʿinab aθ θawr (m)	عنب الثور
fraise (f) des bois	farāwla barriyya (f)	فراولة برّية
myrtille (f)	ʿinab al aḥrāʒ (m)	عنب الأحراج

190. Les fleurs. Les plantes

| fleur (f) | zahra (f) | زهرة |
| bouquet (m) | bāqat zuhūr (f) | باقة زهور |

rose (f)	warda (f)	وردة
tulipe (f)	tulīb (f)	توليب
oeillet (m)	qurumful (m)	قرنفل
glaïeul (m)	dalbūθ (f)	دلبوث

bleuet (m)	turunʃāh (m)	ترنشاه
campanule (f)	ʒarīs (m)	جريس
dent-de-lion (f)	hindibā' (f)	هندباء
marguerite (f)	babunʒ (m)	بابونج

aloès (m)	aluwwa (m)	ألوّة
cactus (m)	ṣabbār (m)	صبّار
ficus (m)	tīn (m)	تين

lis (m)	sawsan (m)	سوسن
géranium (m)	ibrat ar rāʿi (f)	إبرة الراعي
jacinthe (f)	zanbaq (f)	زنبق

mimosa (m)	mimūza (f)	ميموزا
jonquille (f)	narʒis (f)	نرجس
capucine (f)	abu xanʒar (f)	أبو خنجر

orchidée (f)	saḥlab (f)	سحلب
pivoine (f)	fawniya (f)	فاوانيا
violette (f)	banafsaʒ (f)	بنفسج

pensée (f)	banafsaʒ muθallaθ (m)	بنفسج مثلّث
myosotis (m)	'āðān al fa'r (pl)	آذان الفأر
pâquerette (f)	uqḥuwān (f)	أقحوان
coquelicot (m)	xaʃxāʃ (f)	خشخاش
chanvre (m)	qinnab (m)	قنب

menthe (f)	na'nā' (m)	نعناع
muguet (m)	sawsan al wādi (m)	سوسن الوادي
perce-neige (f)	zahrat al laban (f)	زهرة اللبن
ortie (f)	qarrāṣ (m)	قرّاص
oseille (f)	ḥammāḍ (m)	حمّاض
nénuphar (m)	nilūfar (m)	نيلوفر
fougère (f)	saraχs (m)	سرخس
lichen (m)	uʃna (f)	أشنة
serre (f) tropicale	daffa'a (f)	دفيئة
gazon (m)	'uʃb (m)	عشب
parterre (m) de fleurs	ʒunaynat zuhūr (f)	جنينة زهور
plante (f)	nabāt (m)	نبات
herbe (f)	'uʃb (m)	عشب
brin (m) d'herbe	'uʃba (f)	عشبة
feuille (f)	waraqa (f)	ورقة
pétale (m)	waraqat az zahra (f)	ورقة الزهرة
tige (f)	sāq (m)	ساق
tubercule (m)	darnat nabāt (f)	درنة نبات
pousse (f)	nabta saɣīra (f)	نبتة صغيرة
épine (f)	ʃawka (f)	شوكة
fleurir (vi)	nawwar	نوّر
se faner (vp)	ðabal	ذبل
odeur (f)	rā'iḥa (f)	رائحة
couper (vt)	qaṭa'	قطع
cueillir (fleurs)	qaṭaf	قطف

191. Les céréales

grains (m pl)	ḥubūb (pl)	حبوب
céréales (f pl) (plantes)	mahāṣīl al ḥubūb (pl)	محاصيل الحبوب
épi (m)	sumbula (f)	سنبلة
blé (m)	qamḥ (m)	قمح
seigle (m)	ʒāwdār (m)	جاودار
avoine (f)	ʃūfān (m)	شوفان
millet (m)	duχn (m)	دخن
orge (f)	ʃaʻīr (m)	شعير
maïs (m)	ðura (f)	ذرّة
riz (m)	urz (m)	أرز
sarrasin (m)	ḥinṭa sawdā' (f)	حنطة سوداء
pois (m)	bisilla (f)	بسلّة
haricot (m)	faṣūliya (f)	فاصوليا
soja (m)	fūl aṣ ṣūya (m)	فول الصويا
lentille (f)	'adas (m)	عدس
fèves (f pl)	fūl (m)	فول

LA GÉOGRAPHIE RÉGIONALE

Les pays du monde. Les nationalités

192. La politique. Le gouvernement. Partie 1

politique (f)	siyāsa (f)	سياسة
politique (adj)	siyāsiy	سياسيّ
homme (m) politique	siyāsiy (m)	سياسيّ
état (m)	dawla (f)	دولة
citoyen (m)	muwāṭin (m)	مواطن
citoyenneté (f)	ʒinsiyya (f)	جنسيّة
armoiries (f pl) nationales	ʃi'ār waṭaniy (m)	شعار وطنيّ
hymne (m) national	naʃīd waṭaniy (m)	نشيد وطنيّ
gouvernement (m)	ḥukūma (f)	حكومة
chef (m) d'état	ra's ad dawla (m)	رأس الدولة
parlement (m)	barlamān (m)	برلمان
parti (m)	ḥizb (m)	حزب
capitalisme (m)	ra'smāliyya (f)	رأسماليّة
capitaliste (adj)	ra'smāliy	رأسماليّ
socialisme (m)	iʃtirākiyya (f)	إشتراكيّة
socialiste (adj)	iʃtirākiy	إشتراكيّ
communisme (m)	ʃuyū'iyya (f)	شيوعيّة
communiste (adj)	ʃuyū'iy	شيوعيّ
communiste (m)	ʃuyū'iy (m)	شيوعي
démocratie (f)	dimuqraṭiyya (f)	ديموقراطيّة
démocrate (m)	dimuqrāṭiy (m)	ديموقراطيّ
démocratique (adj)	dimuqrāṭiy	ديموقراطيّ
parti (m) démocratique	al ḥizb ad dimukrāṭiy (m)	الحزب الديموقراطيّ
libéral (m)	libirāliy (m)	ليبراليّ
libéral (adj)	libirāliy	ليبراليّ
conservateur (m)	muḥāfiẓ (m)	محافظ
conservateur (adj)	muḥāfiẓ	محافظ
république (f)	ʒumhūriyya (f)	جمهوريّة
républicain (m)	ʒumhūriy (m)	جمهوريّ
parti (m) républicain	al ḥizb al ʒumhūriy (m)	الحزب الجمهوريّ
élections (f pl)	intiχābāt (pl)	إنتخابات
élire (vt)	intaχab	إنتخب
électeur (m)	nāχib (m)	ناخب

campagne (f) électorale	ḥamla intiᵪābiyya (f)	حملة إنتخابيّة
vote (m)	taṣwīt (m)	تصويت
voter (vi)	ṣawwat	صوّت
droit (m) de vote	ḥaqq al intiᵪāb (m)	حقّ الإنتخاب
candidat (m)	muraʃʃaḥ (m)	مرشّح
poser sa candidature	raʃʃaḥ nafsahu	رشّح نفسه
campagne (f)	ḥamla (f)	حملة
d'opposition (adj)	mu'āriḍ	معارض
opposition (f)	mu'āraḍa (f)	معارضة
visite (f)	ziyāra (f)	زيارة
visite (f) officielle	ziyāra rasmiyya (f)	زيارة رسميّة
international (adj)	duwaliy	دوليّ
négociations (f pl)	mubāḥaθāt (pl)	مباحثات
négocier (vi)	aᶾra mubāḥaθāt	أجرى مباحثات

193. La politique. Le gouvernement. Partie 2

société (f)	muᶾtama' (m)	مجتمع
constitution (f)	dustūr (m)	دستور
pouvoir (m)	sulṭa (f)	سلطة
corruption (f)	fasād (m)	فساد
loi (f)	qānūn (m)	قانون
légal (adj)	qānūniy	قانونيّ
justice (f)	'adāla (f)	عدالة
juste (adj)	'ādil	عادل
comité (m)	laᶾna (f)	لجنة
projet (m) de loi	maʃrū' qānūn (m)	مشروع قانون
budget (m)	mīzāniyya (f)	ميزانيّة
politique (f)	siyāsa (f)	سياسة
réforme (f)	iṣlāḥ (m)	إصلاح
radical (adj)	radikāliy	راديكاليّ
puissance (f)	quwwa (f)	قوّة
puissant (adj)	qawiy	قويّ
partisan (m)	mu'ayyid (m)	مؤيّد
influence (f)	ta'θīr (m)	تأثير
régime (m)	niẓām ḥukm (m)	نظام حكم
conflit (m)	ᵪilāf (m)	خلاف
complot (m)	mu'āmara (f)	مؤامرة
provocation (f)	istifzāz (m)	إستفزاز
renverser (le régime)	asqaṭ	أسقط
renversement (m)	isqāṭ (m)	إسقاط
révolution (f)	θawra (f)	ثورة
coup (m) d'État	inqilāb (m)	إنقلاب
coup (m) d'État militaire	inqilāb 'askariy (m)	إنقلاب عسكريّ

crise (f)	azma (f)	أزمة
baisse (f) économique	rukūd iqtiṣādiy (m)	ركود إقتصاديّ
manifestant (m)	mutazāhir (m)	متظاهر
manifestation (f)	muẓāhara (f)	مظاهرة
loi (f) martiale	al aḥkām al 'urfiyya (pl)	الأحكام العرفيّة
base (f) militaire	qa'ida 'askariyya (f)	قاعدة عسكريّة

| stabilité (f) | istiqrār (m) | إستقرار |
| stable (adj) | mustaqirr | مستقرّ |

| exploitation (f) | istiɣlāl (m) | إستغلال |
| exploiter (vt) | istaɣall | إستغلّ |

racisme (m)	'unṣuriyya (f)	عنصريّة
raciste (m)	'unṣuriy (m)	عنصريّ
fascisme (m)	fāʃiyya (f)	فاشيّة
fasciste (m)	fāʃiy (m)	فاشيّ

194. Les différents pays du monde. Divers

étranger (m)	aʒnabiy (m)	أجنبيّ
étranger (adj)	aʒnabiy	أجنبيّ
à l'étranger (adv)	fil ҳāriʒ	في الخارج

émigré (m)	nāziḥ (m)	نازح
émigration (f)	nuziḥ (m)	نزوح
émigrer (vi)	nazūḥ	نزح

Ouest (m)	al ɣarb (m)	الغرب
Est (m)	aʃ ʃarq (m)	الشرق
Extrême Orient (m)	aʃ ʃarq al aqṣa (m)	الشرق الأقصى

civilisation (f)	ḥaḍāra (f)	حضارة
humanité (f)	al baʃariyya (f)	البشريّة
monde (m)	al 'ālam (m)	العالم
paix (f)	salām (m)	سلام
mondial (adj)	'ālamiy	عالميّ

patrie (f)	waṭan (m)	وطن
peuple (m)	ʃa'b (m)	شعب
population (f)	sukkān (pl)	سكّان
gens (m pl)	nās (pl)	ناس
nation (f)	umma (f)	أمّة
génération (f)	ʒīl (m)	جيل

territoire (m)	arḍ (f)	أرض
région (f)	mintaqa (f)	منطقة
état (m) (partie du pays)	wilāya (f)	ولاية

tradition (f)	taqlīd (m)	تقليد
coutume (f)	'āda (f)	عادة
écologie (f)	'ilm al bīʾa (m)	علم البيئة
indien (m)	hindiy aḥmar (m)	هنديّ أحمر
bohémien (m)	ɣaʒariy (m)	غجريّ

bohémienne (f)	ɣaʒariyya (f)	غجريّة
bohémien (adj)	ɣaʒariy	غجريّ
empire (m)	imbiraṭuriyya (f)	امبراطوريّة
colonie (f)	musta'mara (f)	مستعمرة
esclavage (m)	'ubūdiyya (f)	عبوديّة
invasion (f)	ɣazw (m)	غزو
famine (f)	maʒā'a (f)	مجاعة

195. Les groupes religieux. Les confessions

religion (f)	dīn (m)	دين
religieux (adj)	dīniy	دينيّ
foi (f)	'īmān (m)	إيمان
croire (en Dieu)	'āman	آمن
croyant (m)	mu'min (m)	مؤمن
athéisme (m)	al ilḥād (m)	الإلحاد
athée (m)	mulḥid (m)	ملحد
christianisme (m)	al masīḥiyya (f)	المسيحيّة
chrétien (m)	masīḥiy (m)	مسيحيّ
chrétien (adj)	masīḥiy	مسيحيّ
catholicisme (m)	al kaθūlikiyya (f)	الكاثوليكيّة
catholique (m)	kaθulīkiy (m)	كاثوليكيّ
catholique (adj)	kaθulīkiy	كاثوليكيّ
protestantisme (m)	al brutistantiyya (f)	البروتستانتية
Église (f) protestante	al kanīsa al brutistantiyya (f)	الكنيسة البروتستانتيّة
protestant (m)	brutistantiy (m)	بروتستانتيّ
Orthodoxie (f)	urθuðuksiyya (f)	الأرثوذكسيّة
Église (f) orthodoxe	al kanīsa al urθuðuksiyya (f)	الكنيسة الأرثوذكسيّة
orthodoxe (m)	urθuðuksiy (m)	أرثوذكسيّ
Presbytérianisme (m)	maʃīχiyya (f)	المشيخيّة
Église (f) presbytérienne	al kanīsa al maʃīχiyya (f)	الكنيسة المشيخيّة
presbytérien (m)	maʃīχiy (m)	مشيخيّ
Église (f) luthérienne	al kanīsa al luθiriyya (f)	الكنيسة اللوثريّة
luthérien (m)	luθiriy (m)	لوثريّ
Baptisme (m)	al kanīsa al ma'madāniyya (f)	الكنيسة المعمدانيّة
baptiste (m)	ma'madāniy (m)	معمدانيّ
Église (f) anglicane	al kanīsa al anʒlikāniyya (f)	الكنيسة الإنجليكانيّة
anglican (m)	anʒlikāniy (m)	أنجليكانيّ
Mormonisme (m)	al murumūniyya (f)	المورمونيّة
mormon (m)	masīḥiy murmūn (m)	مسيحيّ مرمون
judaïsme (m)	al yahūdiyya (f)	اليهودية
juif (m)	yahūdiy (m)	يهوديّ

Bouddhisme (m)	al būðiyya (f)	البوذيّة
bouddhiste (m)	būðiy (m)	بوذي
hindouisme (m)	al hindūsiyya (f)	الهندوسيّة
hindouiste (m)	hindūsiy (m)	هندوسي
islam (m)	al islām (m)	الإسلام
musulman (m)	muslim (m)	مسلم
musulman (adj)	islāmiy	إسلاميّ
Chiisme (m)	al maðhab aʃ ʃīiy (m)	المذهب الشيعيّ
chiite (m)	ʃīiy (m)	شيعيّ
Sunnisme (m)	al maðhab as sunniy (m)	المذهب السنّيّ
sunnite (m)	sunniy (m)	سنّيّ

196. Les principales religions. Le clergé

prêtre (m)	qissīs (m), kāhin (m)	قسّيس، كاهن
Pape (m)	al bāba (m)	البابا
moine (m)	rāhib (m)	راهب
bonne sœur (f)	rāhiba (f)	راهبة
pasteur (m)	qissīs (m)	قسّيس
abbé (m)	raʾīs ad dayr (m)	رئيس الدير
vicaire (m)	viqār (m)	فيقار
évêque (m)	usquf (m)	أسقف
cardinal (m)	kardināl (m)	كاردينال
prédicateur (m)	tabʃīr (m)	تبشير
sermon (m)	xuṭba (f)	خطبة
paroissiens (m pl)	ra'iyyat al abraʃiyya (f)	رعية الأبرشيّة
croyant (m)	mu'min (m)	مؤمن
athée (m)	mulḥid (m)	ملحد

197. La foi. Le Christianisme. L'Islam

Adam	ʾādam (m)	آدم
Ève	ḥawāʾ (f)	حوّاء
Dieu (m)	allah (m)	الله
le Seigneur	ar rabb (m)	الربّ
le Tout-Puissant	al qadīr (m)	القدير
péché (m)	ðamb (m)	ذنب
pécher (vi)	aðnab	أذنب
pécheur (m)	muðnib (m)	مذنب
pécheresse (f)	muðniba (f)	مذنبة
enfer (m)	al ʒaḥīm (f)	الجحيم
paradis (m)	al ʒanna (f)	الجنّة

Français	Translittération	العربية
Jésus	yasū' (m)	يسوع
Jésus Christ	yasū' al masīḥ (m)	يسوع المسيح
le Saint-Esprit	ar rūḥ al qudus (m)	الروح القدس
le Sauveur	al masīḥ (m)	المسيح
la Sainte Vierge	maryam al 'aðrā' (f)	مريم العذراء
le Diable	aʃ ʃayṭān (m)	الشيطان
diabolique (adj)	ʃayṭāniy	شيطانيّ
Satan	aʃ ʃayṭān (m)	الشيطان
satanique (adj)	ʃayṭāniy	شيطانيّ
ange (m)	malāk (m)	ملاك
ange (m) gardien	malāk ḥāris (m)	ملاك حارس
angélique (adj)	malā'ikiy	ملائكيّ
apôtre (m)	rasūl (m)	رسول
archange (m)	al malak ar ra'īsiy (m)	الملك الرئيسي
antéchrist (m)	al masīḥ ad daʒʒāl (m)	المسيح الدجّال
Église (f)	al kanīsa (f)	الكنيسة
Bible (f)	al kitāb al muqaddas (m)	الكتاب المقدّس
biblique (adj)	tawrātiy	توراتيّ
Ancien Testament (m)	al 'aḥd al qadīm (m)	العهد القديم
Nouveau Testament (m)	al 'ahd al ʒadīd (m)	العهد الجديد
Évangile (m)	inʒīl (m)	إنجيل
Sainte Écriture (f)	al kitāb al muqaddas (m)	الكتاب المقدّس
Cieux (m pl)	al ʒanna (f)	الجنّة
commandement (m)	waṣiyya (f)	وصيّة
prophète (m)	nabiy (m)	نبي
prophétie (f)	nubū'a (f)	نبوءة
Allah	allah (m)	الله
Mahomet	muḥammad (m)	محمّد
le Coran	al qur'ān (m)	القرآن
mosquée (f)	masʒid (m)	مسجد
mulla (m)	mulla (m)	مَلَا
prière (f)	ṣalāt (f)	صلاة
prier (~ Dieu)	ṣalla	صلّى
pèlerinage (m)	ḥaʒʒ (m)	حجّ
pèlerin (m)	ḥāʒʒ (m)	حاجّ
La Mecque	makka al mukarrama (f)	مكة المكرّمة
église (f)	kanīsa (f)	كنيسة
temple (m)	ma'bad (m)	معبد
cathédrale (f)	katidrā'iyya (f)	كاتدرائيّة
gothique (adj)	qūṭiy	قوطيّ
synagogue (f)	kanīs ma'bad yahūdiy (m)	كنيس معبد يهوديّ
mosquée (f)	masʒid (m)	مسجد
chapelle (f)	kanīsa saɣīra (f)	كنيسة صغيرة
abbaye (f)	dayr (m)	دير

| couvent (m) | dayr (m) | دير |
| monastère (m) | dayr (m) | دير |

cloche (f)	ʒaras (m)	جرس
clocher (m)	burʒ al ʒaras (m)	برج الجرس
sonner (vi)	daqq	دق

croix (f)	ṣalīb (m)	صليب
coupole (f)	qubba (f)	قبّة
icône (f)	ʾīkūna (f)	ايقونة

âme (f)	nafs (f)	نفس
sort (m) (destin)	maṣīr (m)	مصير
mal (m)	ʃarr (m)	شرّ
bien (m)	xayr (m)	خير

vampire (m)	maṣṣāṣ dimā' (m)	مصّاص دماء
sorcière (f)	sāḥira (f)	ساحرة
démon (m)	ʃayṭān (m)	شيطان
esprit (m)	rūḥ (m)	روح

| rachat (m) | takfīr (m) | تكفير |
| racheter (pécheur) | kaffar 'an | كفّر عن |

office (m), messe (f)	qaddās (m)	قدّاس
dire la messe	alqa xuṭba bil kanīsa	ألقى خطبة بالكنيسة
confession (f)	i'tirāf (m)	إعتراف
se confesser (vp)	i'taraf	إعترف

saint (m)	qiddīs (m)	قدّيس
sacré (adj)	muqaddas (m)	مقدّس
l'eau bénite	mā' muqaddas (m)	ماء مقدّس

rite (m)	ṭuqūs (pl)	طقوس
rituel (adj)	ṭuqūsiy	طقوسيّ
sacrifice (m)	ðabīḥa (f)	ذبيحة

superstition (f)	xurāfa (f)	خرافة
superstitieux (adj)	mu'min bil xurāfāt (m)	مؤمن بالخرافات
vie (f) après la mort	al 'āxira (f)	الآخرة
vie (f) éternelle	al ḥayāt al abadiyya (f)	الحياة الأبدية

DIVERS

198. Quelques mots et formules utiles

aide (f)	musā'ada (f)	مساعدة
arrêt (m) (pause)	istirāḥa (f)	إستراحة
balance (f)	tawāzun (m)	توازن
barrière (f)	ḥāʒiz (m)	حاجز
base (f)	asās (m)	أساس
catégorie (f)	fi'a (f)	فئة
cause (f)	sabab (m)	سبب
choix (m)	iχtiyār (m)	إختيار
chose (f) (objet)	ʃay' (m)	شيء
coïncidence (f)	ṣudfa (f)	صدفة
comparaison (f)	muqārana (f)	مقارنة
compensation (f)	ta'wīḍ (m)	تعويض
confortable (adj)	murīḥ	مريح
croissance (f)	numuww (m)	نمو
début (m)	bidāya (f)	بداية
degré (m) (~ de liberté)	daraʒa (f)	درجة
développement (m)	tanmiya (f)	تنمية
différence (f)	farq (m)	فرق
d'urgence (adv)	'āʒilan	عاجلًا
effet (m)	ta'θīr (m)	تأثير
effort (m)	ʒuhd (m)	جهد
élément (m)	'unṣur (m)	عنصر
exemple (m)	miθāl (m)	مثال
fait (m)	ḥaqīqa (f)	حقيقة
faute, erreur (f)	χaṭa' (m)	خطأ
fin (f)	nihāya (f)	نهاية
fond (m) (arrière-plan)	χalfiyya (f)	خلفيّة
forme (f)	ʃakl (m)	شكل
fréquent (adj)	mutakarrir (m)	متكرّر
genre (m) (type, sorte)	naw' (m)	نوع
idéal (m)	miθāl (m)	مثال
labyrinthe (m)	tayh (m)	تيه
mode (m) (méthode)	ṭarīqa (f)	طريقة
moment (m)	laḥza (f)	لحظة
objet (m)	mawḍū' (m)	موضوع
obstacle (m)	'aqba (f)	عقبة
original (m)	aṣl (m)	أصل
part (f)	ʒuz' (m)	جزء
particule (f)	ʒuz' (m)	جزء

pause (f)	istirāḥa (f)	إستراحة
position (f)	mawqif (m)	موقف
principe (m)	mabda' (m)	مبدأ
problème (m)	muʃkila (f)	مشكلة
processus (m)	ʿamaliyya (f)	عمليّة
progrès (m)	taqaddum (m)	تقدّم
propriété (f) (qualité)	xaṣṣa (f)	خاصّة
réaction (f)	radd fiʿl (m)	ردّ فعل
risque (m)	muxāṭara (f)	مخاطرة
secret (m)	sirr (m)	سرّ
série (f)	silsila (f)	سلسلة
situation (f)	ḥāla (f), waḍʿ (m)	حالة، وضع
solution (f)	ḥall (m)	حلّ
standard (adj)	qiyāsiy	قياسيّ
standard (m)	qiyās (m)	قياس
style (m)	uslūb (m)	أسلوب
système (m)	niẓām (m)	نظام
tableau (m) (grille)	ʒadwal (m)	جدول
tempo (m)	surʿa (f)	سرعة
terme (m)	muṣṭalaḥ (m)	مصطلح
tour (m) (attends ton ~)	dawr (m)	دور
type (m) (~ de sport)	nawʿ (m)	نوع
urgent (adj)	ʿāʒil	عاجل
utilité (f)	manfaʿa (f)	منفعة
vérité (f)	ḥaqīqa (f)	حقيقة
version (f)	ʃakl muxtalif (m)	شكل مختلف
zone (f)	mintaqa (f)	منطقة

www.ingramcontent.com/pod-product-compliance
Lightning Source LLC
LaVergne TN
LVHW051341080426
835509LV00020BA/3240